청년공동체 바로세우기 | 사무엘하
(인도자용 지침서)

청년공동체 바로세우기 | 사무엘하 (인도자용 지침서)

초판 1쇄 발행 | 2023. 5. 30
초판 1쇄 인쇄 | 2023. 5. 30
지은이 | 김상권
펴낸이 | 정신일
펴낸곳 | 크리스천리더
편 집 | 홍소희
교 정 | 성주희
일부총판 | 생명의 말씀사 (02) 3159-7979
등 록 | 제 2-2727호(1999. 9.30)
주 소 | 부천시 원미구 중동 1289번지 팰리스카운티 아이파크상가 3층
전 화 | (032) 342-1979
팩 스 | (032) 343-3567
도서 출간 상담 | E-mail:chmbit@hanmail.net
Homepage | cjesus.co.kr

ISBN : 978-89-6594-356-3 (03230)

정가 : 9,500원

더 이상 미룰 수 없는 한국교회 다음 세대를 세우는 마지막 대안, 청년공동체 바로 세우기 프로젝트

청년공동체 바로 세우기

청년공동체 바로세우기 인도자용

사무엘하에 등장하는 청년 이슈 다루기 프로젝트

김상권 목사

[사무엘하]

>>> 2 Samuel Project >>>

진짜 기도하는 사람은 너무나 당연 한 문제도 하나님께 뜻을 묻는 사람이다. 기도는 결정하기 위해서가 아니라 순종하기 위해서 하는 것이다. 그런 다윗을 통해 하나님이 드러났듯이, 우리도 '당연한 것이라도 하나님께 기도하는 삶'을 살 때 세상과 다음 세대는 우리 기도의 능력이 아니라 우리의 왕이신 하나님을 보게 될 것이다.

CLS 크리스천리더

청년 공동체 바로 세우기를 위한 소그룹 사역 전략

청년 공동체 바로 세우기 소그룹 사역 전략은 총 다섯 가지의 전략을 가지고 각 청년 공동체에 맞게 조율 수립하여 각 공동체가 커리큘럼과 양육 체계를 가지고, 실질적인 영적 성숙의 가시화를 목표로 하는 청년 공동체 소그룹 사역 전문 매뉴얼입니다. 구체적인 세부안은 『청년 실종 공동체성으로 공략하라』(크리스천리더)를 참고하세요.

1. 공동체성 진단하기

1) 사역 현장의 양육, 예배, 교제, 전도 기능을 대표하는 사역들이 공동체성에 미치는 영향을 5점 척도로 회원들에게 체크하도록 한다.
2) 상대적으로 부족하다고 생각되는 부분을 함양하기 위한 사역을 점검하고 수정과 보완을 실시한다.
3) 정기적으로 진단하여 공동체성 함양을 파악한다.

<예시>

공동체성		양육 기능	예배 기능	교제 기능	전도 기능	소계
사역		(　)	(　)	(　)	(　)	
관계적속성	친밀한 상호작용과 영향	0 1 2 3 4	0 1 2 3 4	0 1 2 3 4	0 1 2 3 4	
	공동 목적 추구 행위	0 1 2 3 4	0 1 2 3 4	0 1 2 3 4	0 1 2 3 4	
	전인격적 관계	0 1 2 3 4	0 1 2 3 4	0 1 2 3 4	0 1 2 3 4	
	공동체 참여	0 1 2 3 4	0 1 2 3 4	0 1 2 3 4	0 1 2 3 4	
	공동 가치와 규범의 공유	0 1 2 3 4	0 1 2 3 4	0 1 2 3 4	0 1 2 3 4	
소 계						
정서적속성	정서적 공감과 일치	0 1 2 3 4	0 1 2 3 4	0 1 2 3 4	0 1 2 3 4	
	개인과 공동체의 유익 일치	0 1 2 3 4	0 1 2 3 4	0 1 2 3 4	0 1 2 3 4	
	심리적 욕구의 통합과 충족	0 1 2 3 4	0 1 2 3 4	0 1 2 3 4	0 1 2 3 4	
	공동체 지향 본연 의지	0 1 2 3 4	0 1 2 3 4	0 1 2 3 4	0 1 2 3 4	
	의식적 소속감	0 1 2 3 4	0 1 2 3 4	0 1 2 3 4	0 1 2 3 4	
소 계						
물리적속성	지리적 근접성	0 1 2 3 4	0 1 2 3 4	0 1 2 3 4	0 1 2 3 4	
	시간과 공간의 유사성	0 1 2 3 4	0 1 2 3 4	0 1 2 3 4	0 1 2 3 4	
	공동체 환경의 특성	0 1 2 3 4	0 1 2 3 4	0 1 2 3 4	0 1 2 3 4	
	사회적 단일성	0 1 2 3 4	0 1 2 3 4	0 1 2 3 4	0 1 2 3 4	
	공통된 문화의 공유	0 1 2 3 4	0 1 2 3 4	0 1 2 3 4	0 1 2 3 4	
소 계						
총 계						

2. 핵심가치 공유하기

1) 공동체성은 교회 부흥과 쇠퇴의 핵심적 요인이다.

2) 공동체성은 소그룹 사역에서 효과적으로 함양될 수 있다.

3) 소그룹은 예배, 양육, 전도, 교제의 기능을 강화할 때 활성화된다.

4) 1년을 4달씩 한 텀(Term)으로 묶어 소그룹 커리큘럼을 세우고 공동체에 적용한다.(예시)

<table>
<tr><th>연차</th><th>필수 과정
(1~4월)</th><th>암송구절</th><th>선택 과정
(5~8월)</th><th>필수 과정
(9~12월)</th><th>암송구절</th></tr>
<tr><td>6년차</td><td>룻기</td><td>1. 내주하시는 성령(갈 4:6)
2. 통치하시는 성령(갈 5:16)
3. 계시하시는 성령(요 14:26)
4. 능력 주시는 성령(고전 2:4,5)</td><td rowspan="6">☞ 그리스도인 되기
☞ 기독교 세계관
☞ 거친 형상과 내적 치유
☞ 하나님 음성을 듣는 법
☞ 이성 교제와 결혼 준비
☞ 경배와 찬양
☞ 비전과 소명
☞ 기도 학교
☞ 부모와 가정 사역
☞ 직장과 신앙
☞ 고난과 시험
☞ 감정 다루기
☞ 영성 훈련
☞ 캠퍼스 생활
☞ 대인관계와 커뮤니케이션
☞ 선교와 선교적 삶
☞ 이단 연구
☞ 대중문화와 기독교
☞ 하나님의 이름
☞ 기독교 교리 입문
☞ 그리스도인의 물질관
☞ 교회론과 실제
☞ 종말론과 실제
☞ 구원론과 실제
☞ 기독론과 실제
☞ 신론과 실제
☞ 기질과 은사 개발</td><td>야고
보서</td><td>1. 용서함(엡 4:32)
2. 오래 참음(엡 4:2)
3 . 분노를 다스림(엡 4:26)
4. 악의를 버림(엡 4:31)</td></tr>
<tr><td>5년차</td><td>느헤
미야</td><td>1. 믿음(히 11:6)
2. 선행(갈 6:9,10)
3. 경청함(약 1:19)
4. 책망을 받아들임(잠 9:8,9)</td><td>갈라디
아서</td><td>1. 생각의 습관(빌 4:8)
2. 마음의 습관(눅 6:45)
3. 말의 습관(엡 4:29)
4. 행동의 습관(살전 5:22)</td></tr>
<tr><td>4년차</td><td>사사기</td><td>1. 공급(롬 8:32)
2. 유혹에서 도우심(시 119:9,11)
3. 교제(마 18:20)
4. 증거(롬 1:16)</td><td>요한
복음</td><td>1. 사랑(요일 3:18)
2. 겸손(벧전 5:5,6)
3. 순결(엡 5:3)
4. 정직(행 24:16)</td></tr>
<tr><td>3년차</td><td>여호
수아</td><td>1. 구원의 확신(요 5:24)
2. 예수를 첫자리에 모심(마 6:33)
3. 죄에서 떠남(롬 12:2)
4. 견고함(고전 15:58)</td><td>빌립
보서</td><td>1. 성령(고전 3:16)
2. 능력(사 41:10)
3. 성실(애 3:22,23)
4. 평안(사 26:3)</td></tr>
<tr><td>2년차</td><td>말라기</td><td>1. 중심 되신 그리스도(갈 2:20)
2. 그리스도께 순종(요 14:21)
3. 말씀(딤후 3:16)
4. 기도(요 15:7)</td><td>누가
복음</td><td>1. 모든 이가 죄를 범함(롬 3:23)
2. 죄의 형벌(롬 6:23)
3. 그리스도가 형벌 받음(롬 5:8)
4. 그리스도를 영접해야 함(요 1:12)</td></tr>
<tr><td>1년차</td><td>창세기</td><td>1. 말씀에 의한 생활(행 20:32)
2. 성령에 의한 생활(롬 8:14)
3. 믿음에 의한 생활(고후 5:7)
4. 사랑에 의한 생활(요일 4:11)</td><td>에베
소서</td><td>1. 구원의 확신(요일 5:11,12)
2. 기도응답의 확신(요 16:24)
3. 승리의 확신(고전 10:13)
4. 사죄의. 확신(요일 1:9)</td></tr>
</table>

3. 양육 체계 확립하기

1) 모든 회원을 신앙의 성숙도에 따라 4 Step으로 분류한다.

2) 한 Term에 One Step-up을 목적으로 하여 양육하고 섬기는 사역을 실시한다.

3) Step-up이 이루어지지 않았을 때는 다음 Term에 다시 시도한다.

4) Step-up은 매 Term 시작 시점마다 점검하여 Step-up을 위한 소그룹 사역을 병행한다.

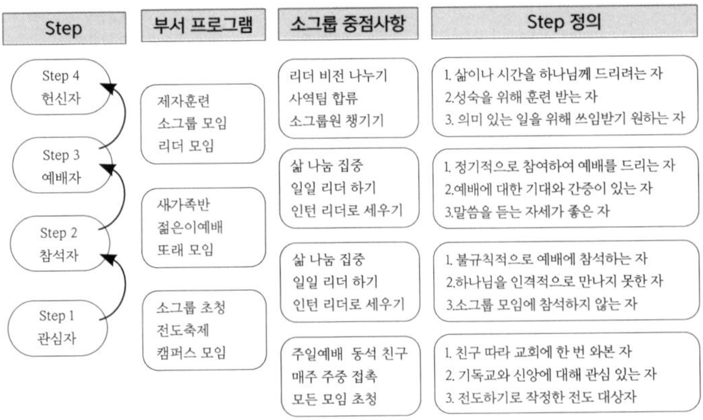

4. 운영지침 반복하기

1) 공동체성에 영향을 주는 소그룹의 기능별로 두 가지 정도의 운영 지침을 마련하여 계속해서 반복한다.

2) 각 운영지침에 대한 세부안을 준비하여 강의와 실습 형식으로 매 Term마다 반복하게 한다.

소그룹 기능	분 류	기능 강화를 위한 운영 지침
양육	귀납적(Inductive)	귀납적으로 성경공부를 인도하라
	대화(Communication)	대화를 통해 마음을 열라
예배	기회(Opportunity)	소그룹 예배에 참여할 기회를 주라
	분위기(Atmosphere)	개방적이고 용납적인 분위기를 만들라
교제	사람(Individual)	사람 중심의 소그룹 교제를 유도하라
	갈등(Trouble)	갈등을 효과적으로 관리하라
전도	기도(Prayer)	기도로 성령의 인도하심을 구하라
	목적(Purpose)	목적 지향적 소그룹이 되게 하라

5. 소그룹 리더 양육하기

1) 리더 양육 커리큘럼을 구체적으로 정하여 재교육하는 시스템을 구축한다.

2) 지속적으로 가르치고 실습하게 하되, 다양한 범주 안에서 치우치지 않도록 실시한다.

회 기	양육 커리큘럼	비 고
1st Term (1~4월)	목적 지향적 소그룹 만들기(6주) 리더 친목회(1일) 기질과 은사(4주) 리더 수련회(1박)	리더 훈련 공동체 훈련 제자 훈련 집중 훈련
2nd Term (5~8월)	귀납적 성경공부의 이론과 실제(4주) 리더 친목회(1일) 두려움 없이 사는 법(6주) 리더 수련회(1박)	리더 훈련 공동체 훈련 제자 훈련 집중 훈련
3rd Term (9~12월)	대인관계와 인간 이해(4주) 리더 친목회(1일) 하나님 마음에 합한 사람(6주) 리더 수련회(1박)	리더 훈련 공동체 훈련 제자 훈련 집중 훈련

『사무엘하』 교재 개발 지침

1. 각 과의 목적을 분명하게 드러내고 있는가?
2. 관찰, 해석, 적용, 실천 영역들이 골고루 반영되었는가?
3. 각 질문은 삶을 터치할 수 있는 질문들인가?
4. 귀납적으로 소그룹원들의 생각과 삶을 돌아보게 하는 질문인가?
5. 열린 질문('예', '아니오'로 답할 수 없는 질문)인가?
6. 처음부터 끝까지 그 진행이 부드럽고 매끄러운가?
7. 분명하고 확실한 질문인가?
8. 형식적으로 들어간 질문은 없는가?
9. 청년들에게 신선함을 주는 디자인과 내용인가?
10. 연구와 묵고(默考)를 거치면 객관적으로 답할 수 있는 질문들인가?
11. 소그룹 안에서의 협동 학습을 실행할 수 있도록 짜여 있는가?
12. 소그룹 인도자가 충분히 준비할 수 있는 시스템과 자료가 지원되고 있는가?
13. 소그룹 인도자가 각 과의 핵심가치를 분명히 알 수 있게 하는 시스템이 준비되었는가?
14. 소그룹 인도자의 공과 진행을 자신과 지도자가 파악할 수 있는 구조는 마련되었는가?

Contents

1과
슬픈 노래 배우기

사무엘하 1장 1~27절

'라 쿠카라차'라는 노래가 있었다.
'병정들이 행진한다~'로 시작되는 이 노래는
80년대 초등학교 음악 교과서에 실린 동요요,
나중에는 건전가요로 불렸던 노래다.
하지만 사실 이 노래는 15세기 말 자연적으로 만들어진
스페인 민요로, 1910년대 멕시코 혁명 당시 농민혁명가였다.
제목인 '라 쿠카라차(La Cuccaracha)'는 '바퀴벌레'라는 뜻으로,
사실은 '독재정권의 슬픈 현실 속에서도 바퀴벌레처럼
끈질긴 생명으로 승리하자'라는 노래다.
결국 이 농민 혁명은 독재정권을 몰아내고 성공하게 된다.
슬픔의 노래가 승리를 가져다 준 것이다.
우리는 슬픔을 터부시하고 감추려 하는 문화 속에서 자랐다.
그래서 은연 중에 눈물은 약함의 상징이라고 인식을 하게 되었다.
과연 슬픔은 우리를 비참하게 하는 것이고,
그래서 눈물을 흘리면 지는 것일까?
본문은 '사울이 죽은 후' 슬픈 노래를 지어
온 유다 족속에게 가르쳐 부르게 하라는 내용이다.
이 슬픔의 노래가 어째서 이스라엘 공동체를 회복하는
노래가 되었는지 살펴보자.

말씀암송 | 시편 30편 11절

주께서 나의 슬픔이 변하여 내게 춤이 되게 하시며 나의 베옷을 벗기고 기쁨으로 띠 띠우셨나이다

|다가서기|

1. 당신에게 과거 슬픔의 사건이 훗날 유익이 된 적이 있는가? 있다면 어떤 경우였는지 나누어 보라.

인도자가이드 |

적어도 우리가 믿는 것은 우리는 시간이라는 치유약 속에서 살아간다는 것이다. 잊지 못할 아픈 상처도 시간이 지나면 우리를 성숙시키는 도구가 되었음을 발견하게 된다. 그런 차원에서 과거 슬픔의 이야기를 자연스럽게 나누도록 한다.

|깊이보기| 사무엘상 1장 1~18절

2. 1~16절까지를 읽고, 사건의 배경을 자신의 말로 정리해 보라.

인도자가이드 |

사울이 죽은 뒤 사흘째 되는 날 한 아말렉 사람이 다윗을 찾아와 자살에 실패한 사울을 자신이 죽였노라고 말하면서 사울의 왕관과 팔찌를 다윗에게 바친다. 아마도 다윗의 대적 사울의 죽음에 일조했음을 알리고, 왕권을 상징하는 것들을 바치면 큰 상을 받을 줄로 생각했던 것 같다. 하지만 이 사람은 다윗이 어떤 사람인지를 몰랐다. 상을 기대했는데 오히려 죽음을 맞이하게 된다.

3. 이 이야기는 두 가지 특징을 가지고 있는데, 첫 번째 특징은 '사흘이라는 구원 모티브'를 가지고 설명된다는 점이다(2절). 그 의미는 무엇일지 상자 안의 글을 읽고 정리해 보라.

말씀살피기

사흘째 되는 날에 한 사람이 사울의 진영에서 나왔는데 그의 옷은 찢어졌고 머리에는 흙이 있더라 그가 다윗에게 나아와 땅에 엎드려 절하매 [삼하 1:2]

> 사울이 죽어 이스라엘의 왕이 없던 사흘은 소위 '메시아 부재 상태'를 상징한다. 구약에는 '사흘의 구원 모티브'가 많이 나온다. 출애굽할 때 바로에게 사흘 길을 걸어가 여호와께 예배하겠다고 말했고, 하나님의 능력을 경험하는 마라에도 사흘 만에 도착하고, 시내 산에서도 하나님을 만나기 위해 사흘을 준비시키신 것 등은 다 예수의 죽으심을 상징하는 '사흘의 구원 모티브'들이다. 사울이 죽은 뒤 사흘이라는 수는 이 이야기를 구원의 맥락에서 봐야 한다는 의미다.

인도자가이드 |

결국 사울이 아말렉에게 죽은 사흘째 되는 날은 이 이야기를 우리의 구원 이야기라는 관점에서 이해해야 한다는 점을 시사한다. 사울의 죽음이 우리의 죽음이 될 수 있음을 염두에 두어야 한다.

4. 이 이야기의 두 번째 특징은 사울을 죽인 아말렉 사람을 유난히 강조하고 있다는 점이다(3,4,5,8,13절). 아말렉은 구원의 이야기에서 믿음의 백성들에게 어떤 일을 했고(신25:18), 오늘날은 무엇을 상징하는 것이라고 할 수 있을까?(갈5:17)

말씀살피기

곧 그들이 너를 길에서 만나 네가 피곤할 때에 네 뒤에 떨어진 약한 자들을 쳤고 하나님을 두려워하지 아니하였느니라 [신 25:18]

육체의 소욕은 성령을 거스르고 성령은 육체를 거스르나니 이 둘이 서로 대적함으로 너희가 원하는 것을 하지 못하게 하려 함이니라 [갈 5:17]

인도자가이드 I

아말렉은 이스라엘 백성이 출애굽한 후 행렬 뒤에 쳐진 노약자들이나 어린 아이들을 공격한 비열한 족속이다. 이 아말렉은 구원받은 우리에게는 우리가 싸워야 할 육체의 소욕을 상징한다고 할 수 있다.

5. 아말렉에게 죽은 사울의 이야기는 당신에게 어떤 교훈을 주는가?(삼상15:18,19) 구원 받은 우리가 주의해야 할 것은 무엇이라고 생각하는가?

말씀살피기

또 여호와께서 왕을 길로 보내시며 이르시기를 가서 죄인 아말렉 사람을 진멸하되 다 없어지기까지 치라 하셨거늘, 어찌하여 왕이 여호와의 목소리를 청종하지 아니하고 탈취하기에만 급하여 여호와께서 악하게 여기시는 일을 행하였나이까 [삼상 15:18,19]

인도자가이드 I

사울이 아말렉에게 죽은 이유는 하나님께서 죽이라고 하신 아말렉을 살려두었기 때문이다. 아말렉이 오늘날 구원 받은 우리에게 육체의 소욕을 상징한다면 이것과의 싸움을 게을리하고 남겨두면 결국 이것 때문에 우리도 망할 수 있다는 사실을 교훈한다.

6. 다윗이 사울과 요나단의 죽음을 애도하며 지은 노래는 어떤 노래인가?(17,18절)

말씀살피기

다윗이 이 슬픈 노래로 사울과 그의 아들 요나단을 조상하고, 명령하여 그것을 유다 족속에게 가르치라 하였으니 곧 활 노래라 야살의 책에 기록되었으되 [삼하 1:17,18]

인도자가이드 I

그들을 위해 지은 노래는 슬픈 노래로, 활 노래라고 말한다.

7. 이 슬픈 노래의 제목을 왜 '활(케세트)의 노래'라고 했을까? 노아 홍수 심판 이후 하늘에 걸어두신 '무지개(케세트)'가 같은 단어라는 사실에 염두하여 그 이유를 생각해 보라(창 9:13~15).

말씀살피기

내가 내 무지개를 구름 속에 두었나니 이것이 나와 세상 사이의 언약의 증거니라, 내가 구름으로 땅을 덮을 때에 무지개가 구름 속에 나타나면, 내가 나와 너희와 및 육체를 가진 모든 생물 사이의 내 언약을 기억하리니 다시는 물이 모든 육체를 멸하는 홍수가 되지 아니할지라 [창 9:13~15]

인도자가이드 I

'활(케셰트)'이라는 말은 '무지개'라는 말과 같은 말이다. 또한 노아 홍수에서 말씀하신 내용과 활의 노래의 내용이 비슷하다. 이 말은 무지개가 다시 심판하지 않겠다는 하나님의 언약의 상징인 것처럼, 활의 노래를 통해 이제 심판이 끝났다는 사실과 여전히 하나님의 언약이 유효함을 시사하는 것이다.

8. 활의 노래는 슬픔의 노래다. 왜 다윗은 유다 족속에게 이 노래를 배워 부르도록 명령했을까? 구원 받은 자의 삶의 관점에서 우리가 불러야 할 슬픈 활의 노래는 무엇일지 묵상해 보라(창9:16,17).

말씀살피기

무지개가 구름 사이에 있으리니 내가 보고 나 하나님과 모든 육체를 가진 땅의 모든 생물 사이의 영원한 언약을 기억하리라, 하나님이 노아에게 또 이르시되 내가 나와 땅에 있는 모든 생물 사이에 세운 언약의 증거가 이것이라 하셨더라 [창 9:16,17]

인도자가이드 |

사울의 죽음을 통해 교훈을 얻어야 하는 것은 우리가 말씀에 불순종할 때마다 회개의 노래, 슬픔의 노래를 불러야 한다는 것이다. 비록 죄 가운데 살지만, 여전히 하나님의 언약이 유효함을 기억하며 살아야 한다.

9. 당신은 활의 노래, 슬픔의 노래를 부르고 사는가? 그렇지 못하다면 그 이유는 무엇이라고 생각하는가?

인도자가이드 |

활의 노래, 슬픔의 노래는 회개의 노래를 의미한다. 우리가 회개하며 살지 못하는 이유는 죄에 민감하지 못하기 때문이고, 하나님의 말씀에서 떠나 있기 때문이다. 그래서 삶의 기준이 하나님의 말씀이 아니고, 그렇기 때문에 죄에 대해 민감하게 깨달을 수 없고, 그 죄의 폐악을 축소하기 때문에 회개하지 않는 것이다.

10. 오늘날 기독교인 개인뿐만 아니라 교회 공동체가 슬픔의 노래를 배워야 하는 이유는 무엇이라고 생각하는가? 교회의 본질적 모습과 교회의 대사회적 책임과 관련하여 자유롭게 토론해 보라.

인도자가이드 |

자신을 돌아보는 회개는 하나님 앞에서 용서 받은 자로 살아가는 삶의 방식이기 때문이고, 교회가 공동체적으로 자신의 부족을 돌아보는 계기가 되기 때문이다. 세상은 교회가 세상을 향해 거액의 기부를 하지 않아도 죄에 정직하게 반응하는 모습을 보는 것만으로도 교회의 대사회적 책임을 감당하고 있다고 여길지도 모른다.

|다짐하기|

11. 나의 신앙생활을 점검해 보라. 그중에 회개하는 삶을 수정, 보완해야 한다면 구체적으로 할 수 있는 일은 무엇일지 고민하고 서로에게 나누어 보라.

인도자가이드 |

회개해야 용서 받는 것이 아니라 예수의 십자가의 공로로 용서를 받는 것이다. 따라서 회개는 용서 받은 자의 삶의 방식이지, 죄를 용서받기 위한 절대적인 조건이 아니다. 우리는 우리가 지은 죄가 무엇인지도 다 인식하지 못하고 살기 때문이다. 따라서 회개를 보다 적극적으로 연습하는 것이 필요하다. 죄를 인식하는 것과 더불어 죄가 무엇인지 말씀을 통해 배우고, 죄를 용서 받은 자로서 다시 짓지 않도록 공동체원들에게 나누고 중보를 요청하는 것 등이 있을 수 있다.

|관점얻기|

왜 활의 노래인가?

다윗은 이 슬픔의 노래를 '활의 노래'라고 명명했다. '활(카셰트)'이라는 말은 하나님께서 노아 홍수 심판 후 하늘에 걸어두신 '무지개'와 같은 말이다. 무지개는 다시는 심판하지 않겠다는 하나님의 언약의 상징이다(창9:13). 뿐만 아니라 다윗의 슬픈 노래의 소재들도 노아 홍수와 같은 소재들로 쓰여졌다. 21절의 '이슬과 비가 내리지 아니하며 제물 낼 밭도 없을지어다.'라는 말에서 '제물(트루모트) 낼 밭(사데)'이란 말은 '깊은 샘'으로 이해한다.

홍수 심판이 끝난 이야기도 활 노래와 같이 "깊음의 샘과 하늘의 창문이 닫히고 하늘에서 비가 그치매"라고 묘사한다. 그렇기 때문에 다윗이 슬픈 노래의 제목을 활이라고 한 이유는 이스라엘을 향하신 하나님의 심판이 끝났음을 의미함과 동시에 이스라엘을 향하신 하나님의 언약이 여전히 유효함을 기억토록 하기 위함이다.

슬픈 노래를 가르치라.

다윗은 이 슬픈 활의 노래를 백성들에게 가르치라고 명령한다(18절). 이 말은 이 슬픔을 공동체 전체가 함께 나누어야 할 슬픔이 되게 했다는 말이다. 슬픈 노래를 배우게 한 이유는 비탄이 진정한 나를 찾아가는 열쇠이기 때문이고, 하나님께로 나아가는 문이기 때문이다. 비탄에 빠져 애가, 회개의 노래를 부를 수 있는 사람만이 하나님을 풍성히 누릴 수 있다.

또한 슬픔은 개인의 문제가 아니라 우리 공동체의 문제이기 때문이다. 슬픔의 노래를 잃어버리면 점점 그 공동체는 비인간화되어 가고, 군사력이나 경제력에 예속되게 된다. 다윗의 슬픔이 공동체의 슬픔이 될 때 비로소 이스라엘의 회복이 주어졌다. 그처럼 아파하는 교회의 슬픔을 통해서, 애통하는 그리스도인들을 통해서 이 세상은 회복되어져 갈 것이다.

|청년 자기 체크리스트|

아래의 체크리스트를 가지고 오늘 소그룹 모임에 임한 자신의 태도를 충분히 점검해 보라.

점검 사항		5	4	3	2	1
준비 및 예습	본 과를 준비하면서 충분히 예습은 하였는가					
	각 과의 분명한 목적은 알고 모임에 임했는가?					
	성령께서 나를 만지시도록 기도로 준비하였는가?					
	소그룹원들을 위해서 중보하였는가?					
	리더를 위해서 중보하였는가?					
	나를 변화시키실 하나님을 기대하는 마음으로 임했는가?					
참여 및 자세	적극적으로 질문과 대답에 참여했는가?					
	정직하게 자신을 오픈했는가?					
	지체들의 발표에 사랑하는 마음으로 공감적 경청을 하였는가?					
	모임 중 성령의 인도하심을 계속적으로 기도했는가?					
	하나님께서 원하시는 것이 무엇인지 분명히 알았는가?					
	발견된 진리를 삶과 인격에 적용하기로 결단했는가?					
	이번주에 중보할 지체를 발견했는가?					
적용 및 결단	삶과 인격 변화를 위한 이번주 자신의 적용은 구체적인가?					
	배운 내용이 삶의 상황에 분명히 적용되었는가?					
	소그룹 모임에 대한 만족감이 있었는가?					
	배운 내용을 분명하게 정리했는가?					
	이번 과의 주제와 목적을 분명히 알게 되었는가?					
	삶과 인격의 변화를 위해 기도할 준비가 되어 있는가?					
평가	이번주 총점					

"그러므로 내 사랑하는 형제들아 견실하며 흔들리지 말고 항상 주의 일에 더욱 힘쓰는 자들이 되라 이는 너희 수고가 주 안에서 헛되지 않은 줄 앎이라" (고전 15:58)

- 이번주 생일자는?
- 이번주 소그룹 특이 사항은?
- 다음주 청년부 행사는?
- 다음주 전도할 대상은?
- 이번 달 암송 구절과 필독서는?

2과
승리하는 삶

사무엘하 2장 1~32절

삶은 선택의 연속이다.
고난 뒤에 행복만 있으면 좋으련만,
인생은 행복도 100% 순도로 우리에게 선물해 주지는 않는다.
그래서 믿음의 사람은 삶의 방식이 중요하다.
완전한 것이 없기 때문에
선과 악의 경계선에서 잘 선택해야 한다.
조금만 방심해도 우리에게 주어지는 상황 속에서
우리는 다시 범죄로 치달을 수 있고,
고난의 이유가 되는 악들을 심을 수 있기 때문이다.
그리스도인은 어떻게 승리하는 삶을 살 수 있을까?
다윗의 인생은 우리가 살아가는 인생을
어떻게 승리할 수 있을지 삶의 현장에서 교훈해 준다.

말씀암송 | 요한1서 5장 4절

무릇 하나님께로부터 난 자마다 세상을 이기느니라 세상을 이기는 승리는 이것이니 우리의 믿음이니라

|다가서기|

1. '가위, 바위, 보'라는 게임에서 어떻게 하면 이길 수 있는지 각자의 비결을 나누어 보라. 그리고 그 방법대로 '가위, 바위, 보'를 해서 어떤 결과가 나오는지도 실험해 보고, 각자의 생각을 나누어 보라.

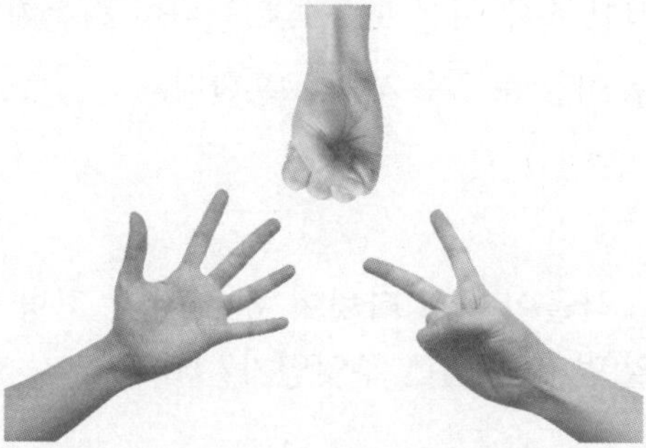

인도자가이드 |

각자의 비결이 있지만, 그 방법대로 해도 이기고 지는 것은 획일적이지 않다. 인생이란 이와 같은 것임을 견지하여 그 삶의 방식을 나누도록 도우라. 결국 이기는 삶은 방법이 아니라 무엇을 가치 있게 생각하느냐이다. 가위바위보 게임에서 가치 있는 것은 이기는 것이 아니라 친목을 도모하는 것일테다.

|깊이보기|

본문은 사울이 죽은 후에 다윗이 유다 지파의 왕이 되는 장면이다. 다윗은 기도하여 얻은 하나님의 응답으로 헤브론으로 돌아갔다. 그곳에서 왕으로 추대된 다윗은 제일 먼저 길르앗 야베스 사람들이 사울의 시체를 장사 지낸 바를 칭찬한다. 그

와중에 사울의 군사령관이었던 아브넬이 마하나임에서 사울의 아들 이스보셋을 왕으로 옹위하는 일이 발생하여 졸지에 두 나라가 생긴다. 이 두 나라 사이에 전쟁이 시작되고, 이 전쟁에서 요압의 동생 아사헬이 아브넬의 창에 죽게 된다. 이 문제는 나중에 다윗의 통일 왕국 수립 과정에서 요압이 아브넬을 죽이는 복수로 이어진다. 오늘 이야기는 우리가 삶의 여러 정황 속에 어떤 모습으로 살아야 하는지, 어떻게 하면 진정으로 이길 수 있는지를 교훈한다.

2. 사울이 죽고 다윗이 유다 지파, 고향 땅으로 돌아갈 때 제일 먼저 한 일은 무엇인가?(1절)

말씀살피기

그 후에 다윗이 여호와께 여쭈어 아뢰되 내가 유다 한 성읍으로 올라가리이까 여호와께서 이르시되 올라가라 다윗이 아뢰되 어디로 가리이까 이르시되 헤브론으로 갈지니라 [삼하 2:1]

인도자가이드 |

다윗은 어디로 가야 할지 하나님께 기도했다. 정치적으로, 혈연적으로 돌아갈 곳은 유일하게 헤브론뿐이었지만, 다윗은 하나님께 기도함으로 그의 왕으로서의 인생을 시작한 것이다.

3. 다윗이 헤브론으로 돌아가는 것은 상황상 유일한 해답지였다. 그럼에도 불구하고 하나님께 기도했다는 말은 어떤 의미로 해석할 수 있겠는가?

인도자가이드 |

다윗은 당연한 것도 기도하고 있다. 그것은 결정을 위한 기도라기 보다는 하나님의 허락에 대한 질문이요, 하나님의 인도하심에 대한 순종으로 가기를 원하는 마음이 반영된 기도라고 할 수 있다.

4. 우리의 기도는 무엇을 위한 기도인지 나누어 보라.

인도자가이드 |

우리의 기도는 필요한 것을 얻기 위한 기도요, 불안한 마음에 위로를 얻기 위한 기도일 때가 많다. 하지만 당연한 것도 기도한 다윗처럼 하나님의 인도하심을 받는 기도로 바꾸어 가야 한다.

5. 하지만 헤브론에서 왕이 된 다윗은 이중적으로 모호한 태도를 보인다. 그 두 가지 태도를 정리해 보라(6,8절)

말씀살피기

너희가 이 일을 하였으니 이제 여호와께서 은혜와 진리로 너희에게 베푸시기를 원하고 나도 이 선한 일을 너희에게 갚으리니 [삼하 2:6]

이제 너희는 손을 강하게 하고 담대히 할지어다 너희 주 사울이 죽었고 또 유다 족속이 내게 기름을 부어 그들의 왕으로 삼았음이니라 하니라 [삼하 2:7]

인도자가이드 |

첫 번째는 은혜와 진리를 베풀겠다는 태도였고, 두 번째는 왕의 권위를 내세워 그들을 포섭하려는 태도였다. 하나님은 이스라엘의 왕은 군림하는 왕이 아니라 섬기는 왕이라고 말씀하셨다. 따라서 왕의 권위가 아니라 왕이신 하나님의 권위를 내세워 은혜와 진리를 베푸는 태도를 취했어야 한다. 하지만 다윗은 신앙적이면서도 정치적인 모호한 태도를 취하게 된다.

6. 성경 저자는 이 모호한 태도가 마치 어떤 사건을 야기시킨 이유인 것처럼 말한다. 그 사건은 무엇인가?(8,9절)

말씀살피기

사울의 군사령관 넬의 아들 아브넬이 이미 사울의 아들 이스보셋을 데리고 마하나임으로 건너가, 길르앗과 아술과 이스르엘과 에브라임과 베냐민과 온 이스라엘의 왕으로 삼았더라 [삼하 2:8,9]

인도자가이드 |

성경은 마치 다윗의 태도 때문에 사울의 군사령관이었던 아브넬이 사울의 아들 이스보셋을 왕으로 세웠다고 말하는 것처럼 보인다.

7. 결국 한 민족 안에 두 나라가 세워진 것이다. 다윗의 태도가 불러일으킨 비극적인 일을 자신의 말로 정리해 보라(12~32절).

인도자가이드 |

결국 다윗의 모호한 태도는 두 나라를 만들었고, 두 나라는 난폭한 장군의 장난기로 죽고 죽이는 전쟁의 상황으로 치닫게 된다.

8. 다윗의 모호한 태도가 당신에게 주는 교훈은 무엇인가? 혹시 당신에게도 신앙적이면서도 그렇지 않은 부분은 없는지 나누어 보라.

인도자가이드 |

신앙적으로 모호한 태도는 하나님의 통치가 아니라 분열과 다툼을 조장하게 된다. 은혜와 진리로 통치하는 일편단심이었다면 보다 빠른 통일 왕국을 건설했을지 모른다. 우리 신앙생활 속에도 신앙적이라고 하면서도 내 욕심과 다른 목적을 가지고 하는 행동이나 말이 있을 수 있고, 그 결과가 그렇게 좋지 못할 것도 숙지할 수 있도록 도우라.

9. 다윗이 진정으로 승리의 길을 걸으려면 어떤 태도를 보였어야 할까? 이 사실이 당신에 시사하는 바는 무엇인가?(6절)

말씀살피기

너희가 이 일을 하였으니 이제 여호와께서 은혜와 진리로 너희에게 베푸시기를 원하고 나도 이 선한 일을 너희에게 갚으리니 [삼하 2:6]

인도자가이드 |

정치적인 태도보다는 신앙적인 태도로 은혜와 진리로 다스리는 왕이 되었어야 한다. 인생의 많은 상황에서 우리는 모호한 태도보다는 올곧게 신앙적인 태도를 보이는 것이 중요하다.

10. 승리하는 인생을 위해 당신이 취해야 신앙적인 태도는 무엇인가? 지금의 상황 속에서 내가 확고하게 붙들어야 할 신앙적인 태도는 무엇인지 나누어 보라.

인도자가이드 |

상황이 중요하다. 자신의 지금 상황 속에서 신앙적이고 구체적인 태도를 분별해 내도록 도우라. 모호한 태도를 취하지 않도록 서로가 기도해 주는 시간도 좋다.

|다짐하기|

11. 당신 속에 있는 모호한 태도는 무엇이고 어떻게 신앙적인 태도를 보여서 승리하는 인생이 될지 구체적으로 다짐해 보라.

모호한 태도		신앙적인 태도
	→	

|관점얻기|

다윗의 기도

사울이 죽은 후 다윗은 헤브론을 선택한다. 그 이유는 많은 정치적 이유와 함께 헤브론이 아브라함이 하나님의 약속을 받고 세 번째 제단을 쌓은 곳이고(창13:18), 제사장들에게 주신 도피성이라서 신앙적 정통성을 계승할 수 있었기 때문이다(수21:13). 헤브론은 유일하고 당연한 답이었다. 답이 헤브론 밖에 없는 상황에서 다윗은 군사를 모집하거나 전략을 짜는 것이 아니라 하나님께 기도했다(1절).

이 말은 결정하기 위해서 기도한 것이 아니라 하나님의 인도하심을 따라 순종하려고 기도했다는 말이다. 진짜 기도하는 사람은 너무나 당연한 문제도 하나님께 뜻을 묻는 사람이다. 기도는 결정하기 위해서가 아니라 순종하기 위해서 하는 것이다. 그런 다윗을 통해 하나님이 드러났듯이, 우리도 '당연한 것이라도 하나님께 기도하는 삶'을 살 때 세상과 다음 세대는 우리 기도의 능력이 아니라 우리의 왕이신 하나님을 보게 될 것이다.

다윗의 모호한 태도

다윗은 하나님의 인도하심을 따라 순종했지만, 7년 반 동안 사울을 추종하는 세력과 내란을 치러야 했다. 그 이유는 다윗의 이중적 태도 때문이었다. 다윗은 표면적으로는 야베스 사람들에게 은혜와 진리를 선포했다(6절). 그러면서 동시에 왕으로서의 권위를 내세워 이제 사울은 죽었고 내가 왕이 되었으니, 나를 따르라고 명한다(7절). 신앙적인 태도를 취하면서 동시에 정치적인 힘을 앞세워 규합하려는 모호한 태도를 보인 것이다.

이런 다윗의 모호한 태도는 두 가지 사건을 불러온다. 첫 번째 사건은 아브넬이 이스보셋을 왕으로 세우는 사건이다(8,9절). 이스보셋의 통치 기간이 2년이고(10절), 다윗의 통치 기간이 7년 6개월이었으므로, 아브넬이 다윗의 치세 처음 5년 동안 북쪽 지파들을 규합했음을 알 수 있다.

이스보셋은 '수치스러운, 망신스러운 사람'이라는 뜻을 가진 이름으로 대상8장33절에서는 '에스바알(바알의 사람)'이라는 이름으로 소개한다. 이들은 도읍을 '두 진영(two camps)'이라는 의미를 가진 마하나임에 둔다. 마하나임은 역사적으로 볼 때 야곱이 에서를 만날 때 자신의 무리를 두 진영으로 나눈 장소요, 압살롬이 반역했을 때 예루살렘과 대립각을 세운 장소였다. 아이러니하게도 마하나임은 분열의 상징이 된 것이다.

두 번째 사건은 폭력적이고 거친 스루야의 아들들(요압, 아비새, 아사헬)이 살인을 저지르면서 전쟁이 일어나게 된다. 기브온 못 가를 중심으로 대치하는 상황에서 12명의 청년을 선별하여 서로 머리를 잡고 옆구리를 찔러 죽이게 하는 무자비한 짓을 계기로 전면전으로 치닫게 된다.

결국 다윗의 군대는 아사헬과 19명이 죽고, 아브넬의 군대는 360명이 죽음으로 끝이 난다.

하지만 성경은 다윗이 이긴 것처럼 묘사하지 않는다. 결과적으로는 같은 동족 380명이 죽은 것일 뿐이다(31절). 저자는 다윗의 모호한 태도가 비극을 불러 일으킨 것처럼 묘사한다.

어떻게 이길 것인가?

이 이야기는 '인생, 어떻게 이길 것인가?'라는 질문을 하게 한다. 다윗은 5년 동안 은혜와 진리로 이길 것인지, 아니면 전쟁으로 이길 것인지의 기로에서 모호한 태도를 보였다. 결국 이 태도 때문에 북쪽에 이스보셋의 나라가 세워졌고, 남쪽 자기 나라에서는 난폭한 스루야의 아들들이 동족을 죽이는 비극이 발생한다. 이 이야기의 교훈은 인생은 '은혜와 진리'로 이겨야 한다는 점이다(6절).

하나님의 백성이 하나님의 말씀대로 살지 않아도 되는, 타협해도 되는 경우는 없다. 모호한 태도를 취하면 우리 인생에도 적대적인 사람들이 생기고, 내 편인데도 난처하게 만드는 일을 경험하게 된다. 오로지 주의 은혜와 진리, 헤세드와 말씀으로 살 각오를 해야 한다. 바보 같아 보여도, 시간이 오래 걸리는 것 같아도 이 신앙적 태도가 인생을 사는데 제일 안전한 길이고, 가장 확실히 승리하는 길이다.

|청년 자기 체크리스트|

아래의 체크리스트를 가지고 오늘 소그룹 모임에 임한 자신의 태도를 충분히 점검해 보라.

점검 사항		5	4	3	2	1
준비 및 예습	본 과를 준비하면서 충분히 예습은 하였는가					
	각 과의 분명한 목적은 알고 모임에 임했는가?					
	성령께서 나를 만지시도록 기도로 준비하였는가?					
	소그룹원들을 위해서 중보하였는가?					
	리더를 위해서 중보하였는가?					
	나를 변화시키실 하나님을 기대하는 마음으로 임했는가?					
참여 및 자세	적극적으로 질문과 대답에 참여했는가?					
	정직하게 자신을 오픈했는가?					
	지체들의 발표에 사랑하는 마음으로 공감적 경청을 하였는가?					
	모임 중 성령의 인도하심을 계속적으로 기도했는가?					
	하나님께서 원하시는 것이 무엇인지 분명히 알았는가?					
	발견된 진리를 삶과 인격에 적용하기로 결단했는가?					
	이번주에 중보할 지체를 발견했는가?					
적용 및 결단	삶과 인격 변화를 위한 이번주 자신의 적용은 구체적인가?					
	배운 내용이 삶의 상황에 분명히 적용되었는가?					
	소그룹 모임에 대한 만족감이 있었는가?					
	배운 내용을 분명하게 정리했는가?					
	이번 과의 주제와 목적을 분명히 알게 되었는가?					
	삶과 인격의 변화를 위해 기도할 준비가 되어 있는가?					
평가	이번주 총점					

"그러므로 내 사랑하는 형제들아 견실하며 흔들리지 말고 항상 주의 일에 더욱 힘쓰는 자들이 되라 이는 너희 수고가 주 안에서 헛되지 않은 줄 앎이라" (고전 15:58)

- 이번주 생일자는?
- 다음주 청년부 행사는?
- 이번 달 암송 구절과 필독서는?
- 이번주 소그룹 특이 사항은?
- 다음주 전도할 대상은?

3과
위대한 그리스도인
사무엘하 5장 1~25절

위대함이란 뭘까?

왜 사람들은 어릴 때 읽던 위인전기를 커서는 읽지 않는 것일까?

그런데도 부모가 되면 자녀들에게 위인 전기를 사주는 이유는 뭘까?

어쩌면 위대함이란 모든 사람 속에 있는 일종의 꿈일지도 모른다.

나는 위대한 사람이 못됐지만

내 자녀는 위대한 사람이 되었으면 하는 바람의 일종일지도 모른다.

하지만 정작 위대한 인물들의 삶은 위대하지 못한 경우가 많다.

그들의 위대함은 업적과 관련되는 경우가 많기 때문이다.

그리스도인에게 있어서 위대함은 무엇일까?

많은 그리스도인 역시 업적과 관련된 위대함을 상상한다.

하지만 성경이 말하는 그리스도인의 위대함은 그것과는 거리가 멀다.

통일 제국의 위대한 왕이 된 다윗의 모습을 통해

하나님이 그리스도인에게 원하시는 위대함은 무엇인지 살펴보자.

말씀암송 | 시편 145편 3절

여호와는 위대하시니 크게 찬양할 것이라 그의 위대하심을 측량하지 못하리로다

|다가서기|

1. 당신은 위대함이 무엇이라고 생각하는가? 그렇게 생각하는 이유를 그룹원들과 함께 나누어 보라.

인도자가이드 |

각자가 생각하는 위대함이란 우리의 바람일 수 있다. 그 바람이 성경적인가를 생각하기 이전에, 각자의 생각을 잘 경청하여 삶의 지표가 무엇인지 서로 이해하는 시간을 가지라.

|깊이보기|

삼하5장은 다윗이 이스라엘의 위대한 왕이 되는 내용이다. 이스보셋이 죽고 모든 지파 장로들의 요청으로 37세에 통일 이스라엘의 왕이 된 다윗은 한 번도 정복하지 못한 예루살렘 성을 정복한다. 그러자 근동의 판세가 달라져 두로의 왕 히람이 사절들을 보내 다윗 왕궁을 지어주는가 하면, 다윗은 11명의 아들을 더 얻어 왕권을 견고히 해 간다. 그때쯤 블레셋이 두 번이나 쳐들어오지만, 다윗은 하나님께 기도하여 대승을 거두고, 블레셋을 제압하여 삼하8장에서 잠깐 등장하는 것을 제외하고는 더 이상 이스라엘을 위협하는 적이 되지 못하게 했다는 내용이다.

2. 삼하5장은 삼상16장에서 시작된 다윗의 등극 이야기의 결론 부분이다. 하나님 나라를 상징하는 다윗의 나라가 견고하게 된 원인을 성경은 어떻게 설명하는가?(10절)

말씀살피기

만군의 하나님 여호와께서 함께 계시니 다윗이 점점 강성하여 가니라 [삼하 5:10]

인도자가이드 I

다윗이 점점 강성해진 이유는 자신의 능력이 아니라 하나님의 함께하심이다. 여기서 '강성하다(가돌)'라는 말이 '위대하다(great)'라는 뜻이다. 그리고 '점점(할라크)'와 '가니라(얄라크)'는 '되어져 가다'라는 같은 의미의 반복이다. 그러니까 다윗이 어떻게 점점 위대한 사람이 되어 갔는지 과정을 강조하는 말이다.

3. 다윗을 왕으로 세우면서 이스라엘의 온 지파가 원한 두 가지는 무엇인가?(2절)

말씀살피기

전에 곧 사울이 우리의 왕이 되었을 때에도 이스라엘을 거느려 출입하게 하신 분은 왕이시었고 여호와께서도 왕에게 말씀하시기를 네가 내 백성 이스라엘의 목자가 되며 네가 이스라엘의 주권자가 되리라 하셨나이다 하니라 [삼하 5:2]

인도자가이드 I

다윗에게 요구한 두 가지는 목자가 되어달라는 것과 주권자가 되어 달라는 것이었다.

4. 다윗이 이 두 가지 사명에 충실했을 때 강성해졌다. 여기서 '강성하다'라는 말이 '위대하다'라는 말이다. 그리스도인의 위대함이란 무엇이라고 정의할 수 있는지, 당신에게는 이런 충실함이 있는지 나누어 보라.

인도자가이드 |

결국 그리스도인의 위대함이란 하나님의 말씀대로 하나님의 백성을 돌보는 목자가 되고, 하나님 앞에서 진정한 왕은 하나님이심을 기억하고 사는 사람(주권자)이 되는 것이다. 하나님을 인정하고, 사람을 돌보는 것이 그리스도인의 위대함이라고 할 수 있다.

5. 다윗이 통일 왕국의 왕이 된 것을 성경은 어떻게 묘사하고 있는가?(4,5절) 이 기간 동안 다윗에게 있었던 일을 기억하면서, 그리스도의 성공 기준이 무엇인지 나누어보라.

말씀살피기

다윗이 나이가 삼십 세에 왕위에 올라 사십 년 동안 다스렸으되, 헤브론에서 칠 년 육 개월 동안 유다를 다스렸고, 예루살렘에서 삼십삼 년 동안 온 이스라엘과 유다를 다스렸더라 [삼하 5:4,5]

인도자가이드 |

37세에 통일 왕국의 왕위에 오르기까지 다윗은 10년 동안 파란만장한 사건 속에서 기다려야 했고, 왕이 되고도 7년 반을 내란으로 시달려야 했다. 다윗의 성공은 자신의 노력이 아니라 기다림의 연속이었음을 시사하고 있다. 그리스도인의 성공 기준은 실력이 아니라 하나님의 때를 기다림이다.

6. 왕이 된 다윗은 많은 아들을 두며, 두로 왕의 왕궁 재료들의 선물로 부요하게 된다. 하지만 솔로몬 때 가서 두로로 인해 가지게 된 번영은 타락으로 이어진다. 이는 위대한 그리스도인이 조심해야 할 부분은 어떤 것인지 힌트를 주고 있다. 당신의 말로 정리해 보고, 자신에게는 이런 부분이 없는지 나누어 보라.

인도자가이드 I

성공한 그리스도인이 조심해야 할 부분은 주어진 축복을 어떻게 사용하느냐이다. 자신을 위해서만 사용할 때 그것은 타락의 원인이 되지만, 남을 위해서 사용한다면 축복의 원인이 될 것이다.

7. 다윗이 왕이 되었다는 소식을 듣고 블레셋은 두 번이나 이스라엘을 쳐들어 온다. 그때마다 다윗은 이 위기를 어떻게 극복했는지 확인해 보라(19,23절).

말씀살피기

다윗이 여호와께 여쭈어 이르되 내가 블레셋 사람에게로 올라가리이까 여호와께서 그들을 내 손에 넘기시겠나이까 하니 여호와께서 다윗에게 말씀하시되 올라가라 내가 반드시 블레셋 사람을 네 손에 넘기리라 하신지라 [삼하 5:19]

다윗이 여호와께 여쭈니 이르시되 올라가지 말고 그들 뒤로 돌아서 뽕나무 수풀 맞은편에서 그들을 기습하되 [삼하 5:23]

인도자가이드 I

다윗은 두 번 다 하나님께 기도함으로 위기를 극복했다. 위대한 그리스도인은 위기가 찾아올 때 하나님께 기도하는 사람이다. 기도할 때 우리의 대적은 우리가 아니라 하나님을 상대해야 하기 때문에 우리가 승리할 수밖에 없는 것이다.

8. 당신은 위대한 그리스도인은 기도한다는 말을 어떻게 이해하는가? 당신의 기도를 반성해 보고, 무너진 부분이 있다면 회복하는 결단의 시간을 가져보라.

인도자가이드 |

위대한 그리스도인이 기도한다는 말은 위대한 그리스도인은 위기가 찾아왔을 때 그 위기를 하나님께 맡긴다는 뜻이다. 우리의 자질과 실력으로는 결코 위기를 극복할 수 없기 때문에 기도하는 것이다. 평소의 기도 시간과 기도의 내용, 기도의 자세 등을 서로 나누는 시간을 가지라.

|다짐하기|

10. 오늘 본문의 말씀을 통해 위대한 그리스도인이 되려면 나는 구체적으로 어떤 삶의 수정이 필요할지 그룹원들에게 나누어 보라.

인도자가이드 |

위대한 그리스도인은 하나님의 말씀대로 사는 사람이고, 성공 기준은 인내함으로 하나님을 기다리는 것이다. 위대한 그리스도인은 주어진 축복을 조심해서 이타적으로 사용해야 하고, 위기가 찾아왔을 때 하나님께 기도하는 사람이다. 구체저인 삶의 상황에서 이 기준들을 적용하도록 도우라.

|관점얻기|

위대한 그리스도인의 정체성

이스라엘의 온 지파는 다윗에게 왕이 되어 달라고 말하면서 두 가지 역할을 부탁한다(2절). 첫 번째는 '목자(라아)'가 되어 달라고 말한다. 사울은 '취하는 자'가 되었지만, 다윗은 첫 번째 기름 부음을 받을 때도, 세 번째 기름 부음을 받을 때도 목자로서 왕직을 받는다. 목자는 '취하는 사람'이 아니라 '돌보는 사람'이다. 이것이 위대함이다.

두 번째는 '주권자(나기드)'가 되어 달라고 말한다. '주권자(나가드)'라는 말은 '~앞에 있다(네게드)'라는 말에서 파생했다. 하나님 앞에 서서 진정한 왕(멜레크)은 내가 아니라 하나님이시라는 사실을 잊지 않음이 바로 위대함이다. 다윗의 정체성이 목자이면서 주권자인 왕이어야 하는 이유는 왕을 세우신 목적이 하나님이 기뻐하시는 '자기 백성'을 탄생시키기 위해서이기 때문이다(삼상12:22).

그렇기 때문에 왕은 하나님이 참 왕이시라는 사실을 잊지 않는 주권자이어야 하고, 그들을 돌보는 목자이어야 한다. 이것이 그리스도인의 정체성이다. 위대함이란 다른 것이 아니라 우리를 부르신 목적대로 사는 삶이다.

위대한 그리스도인의 성공 기준

다윗이 30세에 헤브론에서 왕위에 올라 7년 반을 섬기고 37세에 온 이스라엘의 왕이 되었다(4,5절). 소위 성공한 사람이 되었다. 그런데 성경이 말하는 이 성공의 뉘앙스는 37세에 왕이 될 때까지 10년이 넘도록 쫓기는 광야 생활을 살아야 했고, 7년 반을 내란으로 시달려야 했음을 전제로 한다.

다윗의 성공은 한마디로 기다림이었다. 자기가 노력해서 얻은 것이 아니라 그저 하나님의 때를 순종함으로 기다린 성공이었다. 그리스도인의 성공 기준은 인내다. 하나님이 내 인생을 쥐고 가신다는 믿음으로 인내하는 것이 그리스도인의 성공이다.

위대한 그리스도인이 조심할 점

다윗이 왕이 되자 두로 왕 히람이 사절들과 백향목과 기능공들을 보내서 다윗의 왕궁을 지어주고(11절), 다윗은 아들도 11명을 얻게 된다(13절 이후). 이 아들 목록의 주인공은 '솔로몬'이다. 이방 왕 히람과 다음 왕 솔로몬이 강조되는 구조다. 나중에 솔로몬은 두로의 도움으로 하나님의 성전을 짓게 되지만, 결국 두로로 인한 번영과 풍요가 이스라엘을 타락하게 만든다. 그래서 예레미야와 이사야 선지자는 이 두로와의 동맹과 번영을 경고했던 것이다(렘22:13-18,사2:6-8).

위대한 그리스도인이 조심해야 할 것은 주어진 축복을 어떻게 사용하느냐다.

위대한 그리스도인의 위기 극복

다윗이 이스라엘의 왕이 되었다는 말을 듣고, 숙적 블레셋이 다시 두 번이나 쳐들어온다. 17절에 보면, 처음에는 '다윗을 찾으러 왔다'고 말하는데, 이 말은 블레셋이 다윗의 정권이 뿌리 내리기 전에 그를 죽이기 위해서 쳐들어왔다는 뜻이다. 위기의 상황이다.

이때 다윗은 두 번 다 하나님께 여쭈어(기도하여) 승리하게 된다. 똑같은 블레셋이, 똑같은 방법으로, 똑같은 장소에 쳐들어 와서, 하나님께 여쭐 필요가 없을 것 같지만, 다윗은 두 번째도 기도함으로 위기를 극복한다. 다윗이 기도하면 블레셋은 다윗이 아니라 하나님을 상대해야 했기 때문에 질 수밖에 없었다. 위대한 그리스도인은 하나님께 기도함으로 위기를 극복한다.

|청년 자기 체크리스트|

아래의 체크리스트를 가지고 오늘 소그룹 모임에 임한 자신의 태도를 충분히 점검해 보라.

점검 사항		5	4	3	2	1
준비 및 예습	본 과를 준비하면서 충분히 예습은 하였는가					
	각 과의 분명한 목적은 알고 모임에 임했는가?					
	성령께서 나를 만지시도록 기도로 준비하였는가?					
	소그룹원들을 위해서 중보하였는가?					
	리더를 위해서 중보하였는가?					
	나를 변화시키실 하나님을 기대하는 마음으로 임했는가?					
참여 및 자세	적극적으로 질문과 대답에 참여했는가?					
	정직하게 자신을 오픈했는가?					
	지체들의 발표에 사랑하는 마음으로 공감적 경청을 하였는가?					
	모임 중 성령의 인도하심을 계속적으로 기도했는가?					
	하나님께서 원하시는 것이 무엇인지 분명히 알았는가?					
	발견된 진리를 삶과 인격에 적용하기로 결단했는가?					
	이번주에 중보할 지체를 발견했는가?					
적용 및 결단	삶과 인격 변화를 위한 이번주 자신의 적용은 구체적인가?					
	배운 내용이 삶의 상황에 분명히 적용되었는가?					
	소그룹 모임에 대한 만족감이 있었는가?					
	배운 내용을 분명하게 정리했는가?					
	이번 과의 주제와 목적을 분명히 알게 되었는가?					
	삶과 인격의 변화를 위해 기도할 준비가 되어 있는가?					
평가	이번주 총점					

"그러므로 내 사랑하는 형제들아 견실하며 흔들리지 말고 항상 주의 일에 더욱 힘쓰는 자들이 되라 이는 너희 수고가 주 안에서 헛되지 않은 줄 앎이라" (고전 15:58)

- 이번주 생일자는?
- 다음주 청년부 행사는?
- 이번 달 암송 구절과 필독서는?
- 이번주 소그룹 특이 사항은?
- 다음주 전도할 대상은?

4과
예배의 실패

사무엘하 6장 1~23절

한국 사람만큼 예배를 열정적으로 드리는 사람들도 잘 없다.
하지만 예배가 뭔지, 어떻게 드리는 것인지
간과하는 경향이 있는 듯하다.
우리 민족은 애당초 새벽에 몸을 정갈히 하고
정한수를 떠 놓고 '비나이다 비나이다' 했던
종교성 짙은 민족성을 가지고 있다.
그렇다보니 예배도 샤머니즘적인 경향으로 드리는 분들이 간혹 있다.
예배를 정성껏 드리는 것은 좋은 일이다.
하지만 그보다 먼저 예배가 어떤 것인지를 알아야 한다.
어떤 의미에서 예배는 위험한 것일지도 모른다.
다윗의 법궤 이야기를 통해서
우리는 예배의 힌트를 얻을 수 있다.

말씀암송 | 요한복음 4장 23절

아버지께 참되게 예배하는 자들은 영과 진리로 예배할 때가 오나니 곧 이 때라 아버지께서는 자기에게 이렇게 예배하는 자들을 찾으시느니라

|다가서기|

1. 타종교의 예배와 기독교의 예배의 공통점과 차이점을 서로 한 가지씩 나누어 보라.

인도자가이드 |

타종교에서도 예배라는 이름은 아니더라도 예배의 의미를 지닌 것이 있다. 섬기는 신이 있기 때문이다. 기독교의 예배와 비교하면서 기독교 예배의 차이점을 생각해 볼 수 있도록 시간을 주라.

|깊이보기|

다윗이 블레셋 사람들을 물리치고 드디어 아비나답의 집에 20년 넘게 방치되어 있던 하나님의 궤를 예루살렘으로 가져오는 장면이다. 많은 사람과 대단한 행렬, 최고의 축제 속에서 새 수레를 준비하고 정성을 다해 운반한다. 하지만 나곤의 타작마당에서 갑자기 소가 뛰는 바람에 웃사라는 사람이 하나님의 궤를 붙들었다가 그 자리에서 즉사하는 사고가 발생했다. 다윗은 이 일로 충격을 받고 궤 운반을 포기하고 가드 사람 오벧에돔의 집에 궤를 두게 된다. 그런데 석 달 뒤 하나님이 오벧에돔의 집에 복을 주셨다는 말을 듣고, 다윗은 용기를 내어 다시 하나님의 언약궤를 예루살렘으로 모셔오게 된다. 다윗은 기쁨으로 춤을 추게 되고 미갈이 창문에서 이것을 보고 비아냥거리다가 이 일로 미갈은 죽을 때까지 자식을 낳지 못하게 된다는 내용이다. 웃사의 사건은 다윗에게는 큰 충격이었고, 하나님에 대한 다윗의 사고에 큰 전환을 가져다주게 된다.

2. 다윗이 하나님의 궤를 예루살렘으로 가져오기 위해 어떻게 했는지 정리해 보라(1~5절).

말씀살피기

다윗이 이스라엘에서 뽑은 무리 삼만 명을 다시 모으고, 다윗이 일어나 자기와 함께 있는 모든 사람과 더불어 바알레유다로 가서 거기서 하나님의 궤를 메어 오려 하니 그 궤는 그룹들 사이에 좌정하신 만군의 여호와의 이름으로 불리는 것이라, 그들이 하나님의 궤를 새 수레에 싣고 산에 있는 아비나답의 집에서 나오는데 아비나답의 아들 웃사와 아효가 그 새 수레를 모니라, 그들이 산에 있는 아비나답의 집에서 하나님의 궤를 싣고 나올 때에 아효는 궤 앞에서 가고, 다윗과 이스라엘 온 족속은 잣나무로 만든 여러 가지 악기와 수금과 비파와 소고와 양금과 제금으로 여호와 앞에서 연주하더라 [삼하 6:1~5]

인도자가이드 |

무리 3만 명을 다시 모아 새 수레를 준비하고, 아효가 앞에서 끌고 웃사가 수레 옆에서 지켜 가게 한다. 온 족속이 여러 가지 악기를 연주하면서 운반하게 했다. 다윗은 말씀에 명하신 방법보다는 지극 정성만 있으면 되는 줄로 알았다.

3. 다윗의 법궤 운반에서 부정적인 요소를 발견해 보라(1~5절).

인도자가이드 |

3만 명은 삼상4장10절에 블레셋과의 전투에서 법궤를 빼앗기고 죽은 3만 명을 연상케 한다. 하나님의 궤를 수레에 실어 옮기는 것도 율법대로 한 것이 아니라 블레셋이 궤를 옮기던 방식이다. 그뿐만 아니라 악기를 '연주하다(사하크)'는 말도 예배 때 쓰는 말이 아니라 축제 때 주로 쓰는 말이다. 법궤를 가져오는 사건이 법궤를 빼앗기는 사건의 연장선상에서 설명되는 듯하다.

4. 다윗이 법궤를 예루살렘으로 옮기려고 했던 것은 예루살렘을 종교적 중심지로 삼으려는 정치적인 목적 때문이었다. 그러자 어떤 일이 일어났는가?(6,7절)

말씀살피기

그들이 나곤의 타작 마당에 이르러서는 소들이 뛰므로 웃사가 손을 들어 하나님의 궤를 붙들었더니, 여호와 하나님이 웃사가 잘못함으로 말미암아 진노하사 그를 그 곳에서 치시니 그가 거기 하나님의 궤 곁에서 죽으니라 [삼하 6:6,7]

인도자가이드 |

나곤의 타작 마당에 이르자 소들이 뛰므로 웃사가 궤를 붙들었다가 죽게 되는 사건이 발생했다.

5. 웃사가 죽은 이유는 무엇이라고 할 수 있는가?(참고, 민4장 15절).

말씀살피기

진영을 떠날 때에 아론과 그의 아들들이 성소와 성소의 모든 기구 덮는 일을 마치거든 고핫 자손들이 와서 멜 것이니라 그러나 성물은 만지지 말라 그들이 죽으리라 회막 물건 중에서 이것들은 고핫 자손이 멜 것이며 [민4:15]

인도자가이드 I

율법에 법궤를 옮길 때 레위지파가 옮기되, 손을 대지 말고 궤 네 모퉁이에 있는 네 개의 고리에 막대기를 꽂아서 메야 한다고 말씀하셨다. 하지만 웃사는 블레셋이 하던 방식대로 소가 끄는 수레에 실었고, 떨어진 법궤에 아무런 두려움 없이 손을 댄 것이다. 웃사는 법궤에 손을 대서 죽은 것이 아니라 하나님의 말씀이 없어 죽은 것이다.

6. 웃사가 죽는 사건을 통해서 하나님께서 다윗에게 말씀하고 싶으셨던 것은 무엇일지 나누어 보라.

인도자가이드 I

지극정성만 다하면 되는 줄로 알았던 법궤 운반 사건에서 웃사가 죽자 다윗은 하나님은 인간이 보호하거나 제어할 수 있는 분이 아니라 섬겨야 할 분이라는 사실을 깨달았을 것이다. 그뿐만 아니라 궤의 모습으로 하나님의 임재를 말씀하시지만, 하나님은 다룰 수 있는 분이 아니라 스스로 계시며 절대 주권으로 행사하시는 분이심을 깨달았을 것이다.

7. 가드 사람 오벧에돔의 집에 법궤가 있는 동안 복이 임했다는 소식을 듣고 다윗은 어떻게 했는가?(13~15절)

말씀살피기

여호와의 궤를 멘 사람들이 여섯 걸음을 가매 다윗이 소와 살진 송아지로 제사를 드리고, 다윗이 여호와 앞에서 힘을 다하여 춤을 추는데 그 때에 다윗이 베에봇을 입었더라, 다윗과 온 이스라엘 족속이 즐거이 환호하며 나팔을 불고 여호와의 궤를 메어오니라 [삼하 6:13~15]

인도자가이드 I

다윗은 용기를 얻어 법궤를 모셔오는데 이번에는 하나님의 말씀하신 방식대로 진행한다. 레위인들이 궤를 메게 했고(대상15:13-15), 여섯 걸음을 가매 제사를 드렸다. 이 말은 처음 여섯 걸음을 걸었는데도 죽지 않자 하나님께 제사를 드렸다는 말이다. 베옷을 입고, 춤을 추었다. 이제는 힘을 다하는 예배자로 법궤를 모셔오고 있다는 말이다.

8. 이 사건을 통해서 다윗은 예배함에 있어 하나님은 데려올 수 있는 분이 아니라 스스로 임재하시는 분이라는 사실을 깨닫게 되었다. 당신의 예배에 있어 혹시 하나님의 주권을 인정하지 못하는 부분은 없는지 점검해 보라.

인도자가이드 I

예배는 우리가 드릴 때가 아니라 하나님이 받으실 때 성립되는 것이다. 따라서 예배의 시작과 끝은 전적으로 하나님께서 주도하셔야 한다. 하나님의 주도 하에 드리는 예배는 성령과 진리로 우리 자신을 돌아보고 겸비하는 것이 중요한 예배의 자세가 된다. 예배의 분위기를 연출하거나 이렇게 하면 은혜스럽다는 공식은 다 무의미한 것이다.

9. 이 사건에서 우리는 웃사와 다윗과 미갈이라는 세 명의 예배자를 만나게 된다. 각자의 예배를 정의해 보고, 당신의 예배는 어디에 속하는지 나누어 보라.

인도자가이드 |

웃사는 지극정성을 다했지만, 말씀이 없어 죽임을 당했다. 다윗은 정치적 목적으로 하나님을 이용하려 했지만, 깨닫고 바른 예배자가 되었다. 미갈은 예배 방관자, 관찰자라고 할 수 있다. 예배는 말씀과 하나님의 주권이 인정되어야 드려질 수 있는 것이다.

|다짐하기|

10. 예배의 실패는 인생의 실패를 야기한다는 말이 있다. 당신의 예배를 돌아보고 진정한 예배자가 되기 위한 구체적인 실천 사항을 정하여 나누어 보라.

인도자가이드 |

예배가 실패한 자들은 하나같이 삶에서도 실패하게 되는 것을 본다. 삶도 무너지고, 예배도 무너졌다면 예배부터 회복해야 한다. 예배를 대하는 태도, 예배에 임하는 자세, 하나님의 말씀에 대한 반응 등을 구체적으로 점검하여 실천가능한 계획을 세워보라.

|관점얻기|

다윗이 법궤를 예루살렘으로 가져오려 한 이유

다윗은 일전에 뽑은 무리 3만 명을 다시 모아 새 수레를 준비하고, 아효가 앞에서 끌고 웃사가 수레 옆에서 가게 한다. 온 족속이 악기를 연주하면서 운반한다. 자세히 보면, 전부 부정적인 메시지다.

일전에 뽑은 3만 명은 삼상4장10절에 법궤를 빼앗기고 죽은 3만 명을 연상케 한다. 궤를 수레에 실어 옮기는 것도 블레셋이 궤를 옮기던 방식이다. 악기를 '연주하다(사하크)'는 말도 '웃다, 놀다, 장난치다'라는 뜻으로 예배가 아닌 축제 때 쓰는 말이다. 저자는 법궤를 가져오는 사건과 법궤를 빼앗긴 사건을 연속선상에서 설명하는 듯하다(윌리스).

다윗이 예루살렘으로 하나님의 궤를 옮겨오려고 한 것은 정치적인 이유였다. 법궤는 시내 산 언약의 상징이고, 선민 이스라엘의 정체성이면서, 하나님의 임재를 상징하는 것이다. 해마다 이스라엘 백성들은 법궤가 있는 곳으로 순례를 해야 한다.

다윗은 예루살렘을 정치적, 군사적 도읍으로 만들었다. 이제는 종교적 중심지로 만들어 실로 대신 예루살렘으로 순례를 오게 하여 나라를 통치하려고 했던 것이다. 하나님께 묻지도 않고, 정성만 있으면 되는 줄 알았던 것이다.

웃사가 죽은 이유

소가 뛰자 하나님의 궤를 붙들었다가 웃사가 죽는 사건이 발생했다(6,7절). 성경은 웃사가 '잘못함'으로 죽었다고 말한다. 소들이 '뛰었다(샤마트)'라는 말은 '떨어뜨리다. 내리던지다'라는 의미로, 궤가 넘어질까 봐 손을 댄 것이 아니라 아마 떨어진 법궤에 손을 댄 것 같다. 그러니 웃사는 본능적으로 어쩔 수 없이 손을 댄 것이 아니라 전혀 말씀의 기준 없이 의도적으로 손을 대어 죽은 것이다.

민4장15절은 법궤를 옮길 때 반드시 레위지파가 옮기되, 손을 대지 말고 궤 네 모퉁이에 있는 네 개의 고리에 막대기를 꽂아서 메야 한다고 말씀하셨다. 하지만 웃사는 블레셋이 하던 방식대로 소가 끄는 수레에 실었고, 떨어진 법궤에 아무런 두려움 없이 손을 댄 것이다. 웃사는 법궤에 손을 대서 죽은 것이 아니라 하나님의 말씀이 없어 죽은 것이다. 여기에는 중요한 하나님의 메시지가 담겨 있다. 하나님은 인간이 보호하거나 제어할 수 있는 분이 아니라 그저 섬겨야 할 분이라는 사실, 그리고 궤의 모습으로 하나님의 임재를 말씀하시지만, 하나님은 다룰 수 있는 분이 아니라 스스로 계시며 절대 주권으로 행사하시는 분이심을 가르치는 것이다.

달라진 다윗, 법궤의 재운반

웃사가 죽는 사건은 다윗에게 큰 충격으로 다가왔다. 결국 이 사건 때문에 하나님의 궤를 예루살렘으로 안치하지 못하고 가드 사람 오벧에돔의 집으로 메어 가게 한다. 석 달이 지난 어느 날 블레셋 사람의 집에 축복이 임했다는 사실을 듣고, 다윗은 다시 하나님의 궤를 모셔올 용기를 갖게 된다. 이번에는 레위인들이 궤를 메고 운반한다(대상15:13-15). '여섯 걸음을 가매 제사를 드렸다'는 말은 처음 여섯 걸음을 걸었는데도 죽지 않자 하나님께 제사를 드렸다는 말이다. 그리고 다윗은 제사장이 입는 베옷을 입고 힘을 다해 춤을 춘다.
두 번째 법궤 운반에서 다윗은 예배하는 자로 궤를 대하고 있다. 하나님에 대한 의식의 대전환이 찾아온 것이다. 하나님은 결코 인간이 다룰 수 있는 분이 아니라 온전히 섬겨야 하는 분이시라는 사실,하나님의 임재는 내게로 가져올 수 있는 것이 아니라 내가 나아가야 한다는 사실, 그리고 예배가 무엇인지 깨닫게 된 것이다.

예배의 성공이 삶의 성공

하나님의 궤가 예루살렘으로 들어오는 사건은 참 예배가 무엇인지를 가르치는 이야기다. 참 예배는 하나님의 임재가 누추한 내 삶 속으로 들어오는 사건이다. 우리는 본문에서 세 사람의 예배자를 만난다. 다윗이라는 예배자는 처음에는 왕으로서 하나님을 이용하려 했지만, 깨닫고 나서는 예배자로 하나님을 모셔드리는 참 예배자가 되었다. 웃사라는 예배자는 지극정성을 다했지만, 하나님의 말씀이 아닌 자신의 가치관과 종교적인 열심으로 하나님을 대했다. 그래서 결국은 죽게 되었다. 미갈이라는 예배자는 예배 방관자, 관찰자다. 그래서 비아냥거렸고, 판단했다.

그래서 결국 죽을 때까지 자식이 없는 저주를 받게 된다. 이 세 명의 예배자를 통해서 하나님은 예배가 무엇인지를 말씀하신다. 예배란 거룩하신 하나님의 임재가 추하고 추한 내 삶으로 들어오시는 사건이다. 그렇기 때문에 자칫하면 죽을 수 있는 위험한 사건이다. 예배됨의 가장 중요한 기준은 열납됨이다. 제아무리 드려도, 지극정성을 다해도 하나님이 받지 않으시면 예배가 아니다.

|청년 자기 체크리스트|

아래의 체크리스트를 가지고 오늘 소그룹 모임에 임한 자신의 태도를 충분히 점검해 보라.

점검 사항		5	4	3	2	1
준비 및 예습	본 과를 준비하면서 충분히 예습은 하였는가					
	각 과의 분명한 목적은 알고 모임에 임했는가?					
	성령께서 나를 만지시도록 기도로 준비하였는가?					
	소그룹원들을 위해서 중보하였는가?					
	리더를 위해서 중보하였는가?					
	나를 변화시키실 하나님을 기대하는 마음으로 임했는가?					
참여 및 자세	적극적으로 질문과 대답에 참여했는가?					
	정직하게 자신을 오픈했는가?					
	지체들의 발표에 사랑하는 마음으로 공감적 경청을 하였는가?					
	모임 중 성령의 인도하심을 계속적으로 기도했는가?					
	하나님께서 원하시는 것이 무엇인지 분명히 알았는가?					
	발견된 진리를 삶과 인격에 적용하기로 결단했는가?					
	이번주에 중보할 지체를 발견했는가?					
적용 및 결단	삶과 인격 변화를 위한 이번주 자신의 적용은 구체적인가?					
	배운 내용이 삶의 상황에 분명히 적용되었는가?					
	소그룹 모임에 대한 만족감이 있었는가?					
	배운 내용을 분명하게 정리했는가?					
	이번 과의 주제와 목적을 분명히 알게 되었는가?					
	삶과 인격의 변화를 위해 기도할 준비가 되어 있는가?					
평가	이번주 총점					

"그러므로 내 사랑하는 형제들아 견실하며 흔들리지 말고 항상 주의 일에 더욱 힘쓰는 자들이 되라 이는 너희 수고가 주 안에서 헛되지 않은 줄 앎이라" (고전 15:58)

- 이번주 생일자는?
- 다음주 청년부 행사는?
- 이번 달 암송 구절과 필독서는?
- 이번주 소그룹 특이 사항은?
- 다음주 전도할 대상은?

5과
은혜의 크기

사무엘하 7장 1~29절

뭔가를 측정하는 것은
그 사물의 정체성을 규명하는데 중요한 작업이다.
측정은 사실 우리 삶에 깊숙이 들어와 있는 습관이다.
우리는 뭐든지 측정해야 마음이 편해진다.
'그 사람의 키는 크다', 혹은 '그 사람의 얼굴은 예쁘다'라는 말은
그 사람의 생김새를 측정한 것이다.
'그 사람은 마음이 따뜻하다', '그 사람은 머리가 좋다', 역시
그 사람에 대해서 측정한 값이다.
신앙의 문제도 비슷한 면이 있다.
신앙이 좋고, 나쁘고는 하나님이 주신 은혜의 크기를
어느 정도로 측정하고 있느냐로 결정된다.
믿음의 사람들의 공통적인 특징은
하나님의 은혜를 남보다 크게 측정할 수 있다는 점이다.
주신 은혜의 크기를 측정하는 것이 믿음의 크기다.

말씀암송 | 고린도후서 6장 2절

이르시되 내가 은혜 베풀 때에 너에게 듣고 구원의 날에 너를 도왔다 하셨으니 보라 지금은 은혜 받을 만한 때요 보라 지금은 구원의 날이로다

|다가서기|

1. 당신의 장단점을 하나씩 나누어 보고 그룹원들의 반응을 들어보는 시간을 가지라.

인도자가이드 |

자신에게 있는 장단점을 가늠하고, 그것을 다른 사람 앞에서 객관화하는 것은 신앙생활에 유익을 준다. 자신을 객관적으로 받아들이는 것은 남을 주관적으로 생각하는 실수를 줄여주기 때문이다. 그러면서 자연스럽게 하나님의 은혜도 측정하는 것이 유익이 됨을 나누어 보라.

|깊이보기|

삼하7장은 다윗이 원수를 무찌르고 평안할 때 하나님의 집을 지어드릴 마음을 나단에게 나누는 내용이다. 나단은 다윗을 응원했지만, 밤에 임한 하나님의 말씀은 성전 건축을 거부하신다는 신탁이었다. 대신에 하나님은 지금까지 인도하신 은혜와 장래의 축복까지 소위 다윗의 언약을 선언하게 하신다. 이 말씀을 들은 다윗은 어안이 벙벙하여 여호와 앞에 들어가 앉아 하나님께 감사의 찬양을 드린다. 다윗의 언약은 아브라함의 언약, 모세의 언약과 함께 삼 대 언약으로, 사무엘서 전체에서 신학적으로 심장 역할을 하면서, 동시에 구약 전체에 가장 중요한 핵심이 되기도 하다. 그 이유는 다른 언약과 함께 예수님의 십자가와 부활을 가리키고 있기 때문이다.

2. 다윗이 모든 원수를 무찌르고 왕궁에 평안히 거할 때 든 생각은 무엇인가?(1,2절)

말씀살피기

여호와께서 주위의 모든 원수를 무찌르사 왕으로 궁에 평안히 살게 하신 때에, 왕이 선지자 나단에게 이르되 볼지어다 나는 백향목 궁에 살거늘 하나님의 궤는 휘장 가운데에 있도다 [삼하 7:1,2]

인도자가이드 I

자신은 백향목 궁에 거하면서 하나님의 궤는 휘장 가운데 있는 것을 안타깝게 여겨 하나님의 성전을 짓고자 하는 마음이 들었다.

3. 하지만 이에 대한 하나님의 반응은 어떠했는가? 그 이유는 무엇인가?(4~7절)

말씀살피기

그 밤에 여호와의 말씀이 나단에게 임하여 이르시되, 가서 내 종 다윗에게 말하기를 여호와께서 이와 같이 말씀하시되 네가 나를 위하여 내가 살 집을 건축하겠느냐, 내가 이스라엘 자손을 애굽에서 인도하여 내던 날부터 오늘까지 집에 살지 아니하고 장막과 성막 안에서 다녔나니, 이스라엘 자손과 더불어 다니는 모든 곳에서 내가 내 백성 이스라엘을 먹이라고 명령한 이스라엘 어느 지파들 가운데 하나에게 내가 말하기를 너희가 어찌하여 나를 위하여 백향목 집을 건축하지 아니하였느냐고 말하였느냐 [삼하 7:4~7]

인도자가이드 |

하나님은 다윗의 성전 건축을 반대하신다. 그 이유는 두 가지로, 첫째는 하나님은 한 번도 이스라엘 자손이 지은 집에 계신 적이 없었고, 장막과 성막 안에서 다니셨기 때문이다. 둘째는 하나님이 원하시는 것은 이스라엘을 먹이는 것이지, 집을 짓는 것이 아니기 때문이다.

4. 오늘날 성전 건축도 이런 관점에서 생각해 볼 일이다. 교회의 사명은 하나님을 드러내는 웅장함이 아니라 무엇이라고 할 수 있겠는가? 정답 : ①

① 하나님의 백성을 먹이는 목양을 위한 곳

② 하나님의 영광을 드러내는 건축물

③ 교세를 자랑하기 위한 도구

인도자가이드 |

교회 건물은 하나님의 거룩함이나 웅장함이 아니라 백성들을 영적으로 먹일 수 있는 목양의 곳이 되도록 해야 한다.

5. 나단을 통해 다윗에게 하신 축복이 소위 '다윗의 언약'이다. 이 내용은 크게 두 가지로 정리할 수 있다. 구절을 확인하여 정리해 보라(8-17절).

인도자가이드 |

• 8,9상반절(과거 일의 회상) – 다윗이 가는 모든 곳에 함께 하셨다고 말씀하신다.

• 9하반절~17절(미래 일의 약속) – 네 이름을 위대하게 할 것이고(9절), 땅을 주어 쉬게 할 것이며(10,11절), 네 몸에서 날 씨가 하나님의 집을 건축하고(12,13절), 나는 그의 아버지가 되고, 그는 나의 아들이 되어 영원히 그 나라가 견고할 것이라(14,16절)고 약속하신다.

다윗의 언약은 오히려 하나님인 내가 너를 위해서 집을 짓겠고, 나는 너의 하나님이 되고 너희는 나의 백성이 되는 영원한 나라를 세우겠다는 언약이다. 곧 예수 그리스도를 통한 축복을 선언하신 것이다.

6. 이에 대한 다윗의 반응은 어떠했는가?(18,19절) 상상력을 가지고 자신의 느낌을 나누어 보라.

말씀살피기

다윗 왕이 여호와 앞에 들어가 앉아서 이르되 주 여호와여 나는 누구이오며 내 집은 무엇이기에 나를 여기까지 이르게 하셨나이까, 주 여호와여 주께서 이것을 오히려 적게 여기시고 또 종의 집에 있을 먼 장래의 일까지도 말씀하셨나이다 주 여호와여 이것이 사람의 법이니이다 [삼하 7:18,19]

인도자가이드 |

다윗의 반응은 '지금까지 받은 복도 감당치 못하겠는데, 먼 장래의 축복까지 말씀하시니, 이것이 어찌 일개 사람을 대하시는 방법이라 할 수 있습니까? 말도 안됩니다.'라는 뜻이다. 다윗은 이 하나님의 언약, 축복의 크기를 듣고 어안이 벙벙하여 하나님 앞에 들어가 아무것도 못 하고 앉은 것이다.

7. 당신이 측정하는 하나님 은혜의 크기는 얼마나 큰지 자신의 언어로 나누어 보자. 은혜의 크기를 알면 결국 우리가 할 수 있는 일은 무엇이 될까?(참고, 요15장9,10절)

말씀살피기

아버지께서 나를 사랑하신 것 같이 나도 너희를 사랑하였으니 나의 사랑 안에 거하라, 내가 아버지의 계명을 지켜 그의 사랑 안에 거하는 것 같이 너희도 내 계명을 지키면 내 사랑 안에 거하리라 [요 15:9,10]

인도자가이드 |

하나님의 은혜의 크기를 제대로 알게 되면, 우리가 할 수 있는 것은 그분의 사랑 안에 거하는 것뿐이다. 진짜 하나님의 사랑 때문에 '거룩한 무기력함'에 빠지게 된다. 전적인 하나님의 은혜, 무조건적인 사랑, 불가항력적인 은혜를 깨달으면 우리가 할 수 있는 것은 단지 그분의 그 사랑을 찬양하는 것 밖에는 할 수가 없다.

8. 주님이 우리에게 이런 큰 일을 행하시는 이유는 뭘까? 다윗의 고백을 통해 하나님의 뜻을 이해해 보라(20,21절).

말씀살피기

주 여호와는 주의 종을 아시오니 다윗이 다시 주께 무슨 말씀을 하오리이까, 주의 말씀으로 말미암아 주의 뜻대로 이 모든 큰 일을 행하사 주의 종에게 알게 하셨나이다 [삼하 7:20,21]

인도자가이드 |

결국은 '주의 말씀'과 '주의 뜻(주의 마음)'을 알게 하시려고 이 큰일을 행하신 것이다. 주님은 우리가 주님의 백성이요, 주님은 우리의 하나님이 되시기를 원하신다. 이를 위해서 우리는 그분의 참 뜻과 말씀을 알아야 하는 것이다.

9. 당신이 알고 있는 하나님의 은혜를 옆 사람에게 설명해 보라. 그렇게 생각하는 이유는 무엇인가?

인도자가이드 |

신앙의 크기는 은혜의 크기를 가늠하는 실력으로 좌우된다. 자신이 받은 은혜가 작아 보여도 자신의 언어로 감사할 수 있는 만큼이 내가 받은 은혜의 크기다. 은혜를 주신 목적도 나눌 수 있도록 도우라.

|다짐하기|

10. 하나님이 예수 그리스도를 통해 우리에게 주신 은혜는 목적이 있다. 그 목적 달성을 위해 내가 구체적으로 해야 할 일이 무엇일지 나누어 보라.

인도자가이드 |

은혜의 목적은 하나님과의 친밀함에 있다. 하나님이 나의 하나님이 되고, 내가 하나님의 참 백성이 되는 것을 위해서 하나님은 은혜를 주신다. 이 땅에 사는 동안 하나님을 하나님으로 더욱더 사랑할 방법으로 서로 나누도록 도우라.

|관점얻기|

성전 건축을 거부하신 이유

역대기와 열왕기 기자는 다윗이 많은 전쟁을 치렀고(왕5:3), 많은 피를 흘렸기 때문에 하나님께서 성전 건축을 거부하신 것이라고 말한다(대상22:8,28:3). 하지만 사무엘서 기자는 성전 건축 거부의 이유를 다른 두 가지로 설명한다. 첫 번째는 하나님은 성전에 거하는 신이 아니라 장막과 성막 안에서 다니는 분이기 때문이다(6절).

출애굽 이후 이스라엘 백성들은 자신들이 줄곧 하나님의 장막을 짊어지고 다녔다고 생각했지만, 하나님은 스스로 이스라엘 백성들을 이끌고 다니셨다는 말씀이다. 그러니 성전이 필요 없다는 말씀이다. 두 번째는 하나님이 원하는 것은 이스라엘을 먹이는 것이지, 성전을 짓는 것이 아니기 때문이다(7절). 이것이 성전의 본질이다. 성전, 교회의 본질은 '건물'이 아니라 '목양'이다. 성전 건축은 하나님의 백성들을 잘 먹일 수 있는 도구로서의 건축이 되어야 한다.

위의 언약은 쉽게 말하면, '네가 나를 위해서 집을 짓겠느냐? 오히려 내가 너를 위해서 집을 짓겠다'는 것이다.

하나님을 위한 다윗의 계획이 거부되고, 오히려 다윗을 위한 하나님의 계획이 선포된 것, 그것이 다윗 언약이다. 먼저 하나님은 과거를 회상하시며 언제나 함께 했다고 하신다(8,9상반절). 그 다음 미래의 축복을 약속하신다(9하반절-16절). '내가 네 이름을 위대하게 할 것이고(9절), 이스라엘을 위한 땅을 주어 쉬게 할 것이며(10,11절), 네 몸에서 날 씨가 하나님의 집을 건축하고(12,13절), 나는 그의 아버지가 되고, 그는 나의 아들이 되어 영원히 그 나라가 견고할 것이라(14,16절)'고 말씀하신다. 결국 이 언약의 핵심은 네게서 날 후손인 예수 그리스도가 영원한 나라를 다스리게 될 것이라는 축복이다.

다윗 언약은 구약의 다른 두 언약과 함께 예수의 복음을 가리킨다. 아브라함의 언약은 백성과 땅과 복을 약속하신 것이고, 모세의 언약은 율법을 주심으로 하나님의 말씀을 순종할 때 그 축복이 임할 것을 약속하신 것이다. 다윗의 언약은 그 율법을 지킬 수 없음을 전제하고 있다. 그래서 하나님과 백성 사이에 중보자가 필요한데, 그 중보자 예수 그리스도가 바로 다윗의 후손으로 오실 것이라는 약속인 것이다.

언약에 대한 다윗의 반응

하나님의 언약에 대한 다윗의 반응은 '지금까지 받은 복도 감당치 못하겠는데, 먼 장래의 축복까지 말씀하시니, 이것이 어찌 일개 사람을 대하시는 방법이라 할 수 있습니까? 말도 안 됩니다.'라는 것이다. 다윗은 이 하나님의 언약, 축복의 크기를 듣고 어안이 벙벙하여 하나님 앞에 들어가 앉았다(야샤브). '하나님'을 17번, 하나님을 가리키는 인칭대명사를 무려 40번이나 사용한다. 그냥 '아이고, 하나님, 아이고, 하나님' 했다는 말이다. 다윗은 이 형언할 수 없는 하나님의 은혜를 21절에 '큰일'이라고 고백한다.

다윗이 '큰일'이라고 말한 이유는 자신에게 주어진 축복이 아브라함의 언약과 같다는 사실을 깨달았기 때문이다. 다윗은 '내가 하나님을 위해서가 아니라, 하나님이 나를 위해 뭔가를 하시는 게 인생이구나!'를 깨달은 것이다.

하나님의 사랑이 상상을 초월할 만큼 크다는 사실에 충격을 받은 다윗은 아무 것도 할 수가 없었다(요15장9,10절). 하나님의 은혜의 크기를 제대로 알게 되면, 우리가 할 수 있는 것은 그분의 사랑 안에 거하는 것뿐이다. 이 큰일은 다윗 뿐만이 아니라 예수 그리스도를 믿는 우리 모두에게 적용되는 축복이다.

이 큰일을 행하시는 이유는 '주의 말씀'과 '주의 뜻(주의 마음)'을 알게 하시려는 것이다(21절).

|청년 자기 체크리스트|

아래의 체크리스트를 가지고 오늘 소그룹 모임에 임한 자신의 태도를 충분히 점검해 보라.

점검 사항		5	4	3	2	1
준비 및 예습	본 과를 준비하면서 충분히 예습은 하였는가					
	각 과의 분명한 목적은 알고 모임에 임했는가?					
	성령께서 나를 만지시도록 기도로 준비하였는가?					
	소그룹원들을 위해서 중보하였는가?					
	리더를 위해서 중보하였는가?					
	나를 변화시키실 하나님을 기대하는 마음으로 임했는가?					
참여 및 자세	적극적으로 질문과 대답에 참여했는가?					
	정직하게 자신을 오픈했는가?					
	지체들의 발표에 사랑하는 마음으로 공감적 경청을 하였는가?					
	모임 중 성령의 인도하심을 계속적으로 기도했는가?					
	하나님께서 원하시는 것이 무엇인지 분명히 알았는가?					
	발견된 진리를 삶과 인격에 적용하기로 결단했는가?					
	이번주에 중보할 지체를 발견했는가?					
적용 및 결단	삶과 인격 변화를 위한 이번주 자신의 적용은 구체적인가?					
	배운 내용이 삶의 상황에 분명히 적용되었는가?					
	소그룹 모임에 대한 만족감이 있었는가?					
	배운 내용을 분명하게 정리했는가?					
	이번 과의 주제와 목적을 분명히 알게 되었는가?					
	삶과 인격의 변화를 위해 기도할 준비가 되어 있는가?					
평가	이번주 총점					

"그러므로 내 사랑하는 형제들아 견실하며 흔들리지 말고 항상 주의 일에 더욱 힘쓰는 자들이 되라 이는 너희 수고가 주 안에서 헛되지 않은 줄 앎이라" (고전 15:58)

- 이번주 생일자는?
- 다음주 청년부 행사는?
- 이번 달 암송 구절과 필독서는?
- 이번주 소그룹 특이 사항은?
- 다음주 전도할 대상은?

6과
언약에 기반한 삶
사무엘하 9장 1~13절

나중에 있을 사건이나 주제에 대해
미리 넌지시 비춰주는 기법을 복선이라고 한다.
걸작에는 항상 이런 복선이 있다.
인류가 읽은 책 중에 가장 많이 읽힌 걸작 중의 걸작
성경 66권을 읽어보면 이 복선이 수백, 수천 군데서 드러난다.
그리고 그 모든 복선은 하나의 사건으로 귀결된다.
그것은 예수 그리스도의 사건이다.
예수 그리스도의 사건은 수없이 등장하던 하나님의 사랑의 복선이
당신의 아들을 주시는 기가 막힌 사건으로 드러나는 것이다.
구약에는 이 하나님의 사랑의 복선이 수 없이 깔려 있다.
이 복선을 읽어내면 낼수록
우리는 우리를 향한 하나님의 사랑에 감복하게 된다.
삼하9장의 이야기는 이 사랑의 복선이 깔려 있는
대표적인 이야기라고 할 수 있다.

말씀암송 | 시편 13편 5절

나는 오직 주의 사랑을 의지하였사오니 나의 마음은 주의 구원을 기뻐하리이다

|다가서기|

1. 가장 재미있게 읽은 책을 하나 소개해 보라. 그 이유는 무엇인지도 나누면서 재미의 원인을 나누어 보라.

인도자가이드 |

모든 이야기에는 중요한 주제를 드러내는 복선이 깔려 있다. 그 주제가 감동적일수록, 뒤늦게 발견할수록 오는 감동은 더 하다. 우리를 향한 하나님의 사랑을 이와 같은 관점에서 이야기할 수 있도록 도입을 던져보라.

|깊이보기|

본문은 다윗이 요나단과의 언약을 기억하고 그의 아들 므비보셋을 찾아 은총을 베푼다는 내용이다. 다윗은 시바라는 사람을 통해 므비보셋이라는 요나단의 아들이 로드발에 있는 마길의 집에 있다는 사실을 확인하고 그를 데려온다. 다윗은 두려움에 떠는 므비보셋에게 그의 이름을 불러주며, 할아버지 사울의 모든 밭을 다시 회복시켜 주면서 '무서워하지 말라'고 위로한다. 그리고 시바에게 그 모든 밭을 경작하여 양식을 대게하고, 므비보셋은 왕의 상에서 함께 먹도록 해 준다는 내용이다.

2. 다윗이 사울의 집에 남은 자를 찾은 이유는 무엇가?(1,3,7절)

말씀살피기

다윗이 이르되 사울의 집에 아직도 남은 사람이 있느냐 내가 요나단으로 말미암아 그 사람에게 은총을 베풀리라 하니라 [삼하 9:1]

왕이 이르되 사울의 집에 아직도 남은 사람이 없느냐 내가 그 사람에게 하나님의 은총을 베풀고자 하노라 하니 시바가 왕께 아뢰되 요나단의 아들 하나가 있는데 다리 저는 자니이다 하니라 [삼하 9:3]

다윗이 그에게 이르되 무서워하지 말라 내가 반드시 네 아버지 요나단으로 말미암아 네게 은총을 베풀리라 내가 네 할아버지 사울의 모든 밭을 다 네게 도로 주겠고 또 너는 항상 내 상에서 떡을 먹을지니라 하니 [삼하 9:7]

인도자가이드 I

다윗이 사울의 집에 남은 사람을 찾은 이유는 요나단과의 언약을 기억하고 그 남은 자에게 은총(헤세드)를 베풀기 위함이다.

3. 시바는 그저 '다리 저는 자'라고만 소개한데 반해 다윗은 므비보셋을 어떻게 대했는가?(6절)

말씀살피기

사울의 손자 요나단의 아들 므비보셋이 다윗에게 나아와 그 앞에 엎드려 절하매 다윗이 이르되 므비보셋이여 하니 그가 이르기를 보소서 당신의 종이니이다 [삼하 9:6]

인도자가이드 I

다윗은 그의 이름 '므비보셋'을 불러주며 따뜻하게 대해주고 있다.

4. '로드발에 있는 다리 저는 자'에서 다윗의 상에서 함께 먹는 므비보셋이 된 것은 하나님의 사랑에 대한 일종의 복선이다. 어떤 의미인지 나누어 보라.

인도자가이드 |

'로드발'은 황폐한, 아무것도 없는, 무일푼의 땅이라는 의미로 우리의 삶의 터전을 상징한다. '다리 저는 자'는 결코 성전에 들어갈 수 없다는 속담처럼, 이것은 결코 하나님께로 나아갈 수 없는 우리의 형편을 상징한다. 그런데 다윗이 그를 불러 축복된 자리로 인도한 것은 로드발에 있는 다리 저는 자 같은 우리에게도 하나님의 사랑, 헤세드를 부어주심을 상징한다.

5. 다윗은 두려워하는 므비보셋에게 뭐라고 말하는가?(7절)

말씀살피기

다윗이 그에게 이르되 무서워하지 말라 내가 반드시 네 아버지 요나단으로 말미암아 네게 은총을 베풀리라 내가 네 할아버지 사울의 모든 밭을 다 네게 도로 주겠고 또 너는 항상 내 상에서 떡을 먹을지니라 하니 [삼하 9:7]

인도자가이드 |

무서워하지 말라고 위로하면서 요나단에게 받은 은총을 너에게 베풀어 왕자의 신분을 회복시켜주겠다고 말한다.

6. 주님은 보잘것없는 우리에게도 똑같이 '무서워하지 말라'고 말씀하신다. 그 이유는 무엇인가?(눅12장32절)

말씀살피기

적은 무리여 무서워 말라 너희 아버지께서 그 나라를 너희에게 주시기를 기뻐하시느니라 [눅 12:32]

인도자가이드 |

주님의 위로는 단순한 위로의 말씀이 아니라 므비보셋에게 사울의 기업을 준 것처럼, 하나님께서 하나님의 나라를 우리에게 주실 것이기 때문에 무서워하지 말라고 말씀하신다. 우리가 두려워하지 말아야 하는 이유가 무엇인지 서로 나누는 시간을 주라.

7. 다윗이 므비보셋에게 약속한 왕의 상에서 함께 먹을 것이라는 말은 왕자와 같이 여기고 영원히 함께하겠다는 뜻이다. 하나님은 로드발과 같은 황폐한 광야에서 이스라엘 백성들에게도 똑같이 약속하셨다. 그 상징이 무엇이고, 이것이 나에게 시사하는 바는 무엇인가?(출25장30절)

말씀살피기

상 위에 진설병을 두어 항상 내 앞에 있게 할지니라 [출 25:30]

인도자가이드 |

하나님은 광야 생활하는 이스라엘 백성들에게 성막을 만들라 하셨고, 그 안에 진설병상을 만들게 하셔서 광야에서 내가 너희와 함께 할 것이고 내가 영원히 내 상에서 먹게 하겠다고 약속하신다. 주님은 최후의 만찬을 통해서 영원히 함께 할 것을 약속하셨고, 이 광야 같은 인생길 가운데서 주님은 생명의 떡이 되셔서 우리와 함께하신다.

8. 다윗의 삶은 한 마디로 언약에 기반한 삶이다. 요나단과의 언약을 기억함으로 자신이 받은 헤세드를 흘려보내는 삶이 언약에 기반한 삶이다. 당신의 삶은 무엇에 기반한 삶인가?

인도자가이드 |

하나님의 헤세드를 받은 사람은 그 헤세드를 흘려보내지 않으면 안 된다. 의무가 아니라 당연한 결과와 같은 삶이 언약에 기반한 삶이다. 우리는 영원히 로드발의 다리 저는 자와 같겠지만, 주님은 우리를 주님의 자녀로 대해주시는 이 사랑에 힘 입어 다른 사람에게도 이 사랑을 흘려보내야 한다.

9. 우리가 받은 헤세드를 흘려 보내며 살아야 하는 이유가 무엇일까? 므비보셋을 돌보는 마길의 이야기를 가지고 적용해 보라(삼하17장27-29절).

말씀살피기

다윗이 마하나임에 이르렀을 때에 암몬 족속에게 속한 랍바 사람 나하스의 아들 소비와 로데발 사람 암미엘의 아들 마길과 로글림 길르앗 사람 바르실래가, 침상과 대야와 질그릇과 밀과 보리와 밀가루와 볶은 곡식과 콩과 팥과 볶은 녹두와, 꿀과 버터와 양과 치즈를 가져다가 다윗과 그와 함께 한 백성에게 먹게 하였으니 이는 그들 생각에 백성이 들에서 시장하고 곤하고 목마르겠다 함이더라 [삼하 17:27-29]

인도자가이드 |

다윗이 압살롬의 반역으로 어려움을 당할 때 충성스럽게 다윗을 보필한 사람 중에 마길이 등장한다. 학자들은 사울의 충성스런 부하였던 마길이 다윗이 므비보셋에게 베푸는 헤세드를 보고 감동받아 다윗이 어려울 때 목숨을 걸고 그를 돕는 자가 되었다고 해석한다. 헤세드를 실천하는 자에게 헤세드는 반드시 돌아오는 법이다.

|다짐하기|

10. 내 삶이 하나님의 언약에 기반한 삶이 되려면, 특히 헤세드를 흘려보내는 삶을 살려면 구체적으로 내가 무엇을 해야 할지 나누어 보라.

인도자가이드 |

언약에 기반한 삶이란 하나님께서 주신 헤세드를 받고, 그 받은 헤세드를 주위 사람들에게 다시 흘려보내는 삶이다. 이를 위해서 하나님의 크신 은혜와 사랑을 날마다 묵상해야 하고, 그것을 내 삶에서 실천할 수 있는 작은 실천들을 세워가는 것이 필요하다.

|관점얻기|

미비보셋이여

시바는 다윗에게 로드발 마길의 집에 요나단의 다리 저는 아들이 있음을 알려 준다. 왜 이름을 말하지 않고 다리 저는 자라고 했을까? 삼하4장4절에 보면, 사울이 전쟁에서 죽자 그의 식솔들이 급히 도망하여 사울의 충신들이 길르앗의 로드발로 피신했다. 대상8장34절이나 9장40절에 보면, 므비보셋의 원래 이름이 '므립바알'이었지만, 사울 왕조가 망하면서 사울의 자손들은 다윗 왕조에게는 잠재적인 위험 요소였고, 그래서 광야와 같은 그 로드발에서 므비보셋은 사울의 아들이라는 신분과 이름을 숨기고 살아갔던 것이다.

하지만 다윗이 그런 그를 불러 그의 이름을 불러준다. '황폐한 곳에 살던 다리 저는 자'를 '므비보셋' '바알 파괴자, 수치와 불명예를 씻기는 자'라는 영광스러운 이름으로 불러주고 있다. 이것은 하나님께서 우리를 불러주시는 이야기의 복선과 같다. '로드발'은 우리의 삶의 터전을 상징한다. '다리 저는 자'는 우리의 형편을 상징한다. '다리 저는 자는 결코 성전에 들어갈 수 없다'라는 속담처럼, 결코 하나님께로 나아갈 수 없는 우리를 하나님은 구원과 축복의 자리로 불러주신다.

무서워하지 말라

므비보셋의 이름을 불러준 다윗은 이제 그에게 '무서워하지 말라'고 권면한다(7절). 그 이유는 결코 죽이지 않을 것이고, 아버지 요나단과 맺은 헤세드의 언약을 이행할 것이기 때문이다. 그래서 다윗은 사울의 모든 밭을 므비보셋에게 회복시켜 주고, 시바에게 경작하여 양식을 대도록 한다. 온전히 회복시켜 준 것이다. 이 '무서워하지 말라'는 말씀은 구약에서 하나님께서 당신의 종들에게 하나님의 위로와 구원을 선포하실 때 하신 말씀이다. 신약에서는 예수께서 제자들에게 수도 없이 반복하신 말씀이기도 하다. 잡히시기 전날 밤에 제자들에게 하신 말씀이었고, 부활 후에 무덤에서 울고 있던 여인들에게 하셨던 말씀이다.

눅12장32절에 보면, "적은 무리여 무서워 말라 너희 아버지께서 그 나라를 너희에게 주시기를 기뻐하시느니라"라고 말씀하신다. 단순한 위로가 아니라 므비보셋에게 사울의 기업을 준 것처럼, 하나님께서 하나님의 나라를 우리에게 주실 것이기 때문에 이제는 무서워하지 말라는 것이다. 온전한 회복이다.

내 상에서 먹을지니라

그리고 다윗은 므비보셋에게 항상 내 상에서 함께 먹을 것이라고 말한다. 왕자와 같이 여기겠다는 말이다. 요나단과 맺었던 헤세드의 언약을 기억함으로 그를 아들로 여기고 평생을 식탁 교제하며 '함께 하겠다'는 뜻이다.

하나님은 과거 출애굽한 백성들과 함께 로드발과 같은 황폐한 광야에서 '함께 하시겠다'고 하셨다. 그러면서 그 상징으로 성막을 지으라고 하셨다. 그 성막 안에 진설병상을 차리시고, 영원히 우리와 한 상에서 먹을 것을 말씀해 주셨다.
우리를 아들 삼으셔서 영원히 식탁교제하시며 함께 하시겠다는 의미다. 그 옛날 출애굽의 때부터 하나님은 '내가 영원히 이렇게 너희와 함께할 거란다'라는 복선을 깔아 가르쳐 주고 싶으셨던 것이다. 하나님은 또 황폐한 곳, 광야의 이 진설병상 이야기를 다윗과 므비보셋 이야기에 살포시 복선을 깔아 놓으시며 내가 잊지 않고 있다 말씀하신다.

언약에 기반한 삶

다윗이 헤세드를 베푼 이유는 요나단과의 언약 때문이다. 다윗은 '언약에 기반한 삶'을 살고 있는 것이다. 다윗의 말과 행동을 통해서 하나님의 성품이 흘러가고 있다. 우리도 이렇게 살아야 한다. 하나님의 헤세드를 받은 사람은 틀림없이 헤세드를 흘려보내는 삶을 살게 되어 있다. 그리스도인은 필연적으로 그렇게 살 수밖에 없다. 흘러온 헤세드가 너무나 크기 때문에 가만히 있어도 헤세드가 넘쳐서 흐를 수밖에 없기 때문이다. 인색하게 살고, 절대 손해는 참지 못하고, 그렇게 헤세드를 흘려보내지 않고 살면 헤세드는 썩는다.
헤세드가 썩으면 그리스도의 향기가 아니라 세상의 악취가 된다. 헤세드는 계속해서 흐른다.

삼하17장27-29절에서 압살롬의 반역으로 다윗이 어려움을 당할 때 충성스럽게 다윗을 보필한 사람으로 마길이 등장한다. 학자들은 그 이유를 사울 가문의 자식을 헤세드로 대하는 다윗을 보고 감동을 받았기 때문이라고 해석한다. 하나님의 이야기 속에는 계속해서 헤세드가 흘러가고 있다.

|청년 자기 체크리스트|

아래의 체크리스트를 가지고 오늘 소그룹 모임에 임한 자신의 태도를 충분히 점검해 보라.

점검 사항		5	4	3	2	1
준비 및 예습	본 과를 준비하면서 충분히 예습은 하였는가					
	각 과의 분명한 목적은 알고 모임에 임했는가?					
	성령께서 나를 만지시도록 기도로 준비하였는가?					
	소그룹원들을 위해서 중보하였는가?					
	리더를 위해서 중보하였는가?					
	나를 변화시키실 하나님을 기대하는 마음으로 임했는가?					
참여 및 자세	적극적으로 질문과 대답에 참여했는가?					
	정직하게 자신을 오픈했는가?					
	지체들의 발표에 사랑하는 마음으로 공감적 경청을 하였는가?					
	모임 중 성령의 인도하심을 계속적으로 기도했는가?					
	하나님께서 원하시는 것이 무엇인지 분명히 알았는가?					
	발견된 진리를 삶과 인격에 적용하기로 결단했는가?					
	이번주에 중보할 지체를 발견했는가?					
적용 및 결단	삶과 인격 변화를 위한 이번주 자신의 적용은 구체적인가?					
	배운 내용이 삶의 상황에 분명히 적용되었는가?					
	소그룹 모임에 대한 만족감이 있었는가?					
	배운 내용을 분명하게 정리했는가?					
	이번 과의 주제와 목적을 분명히 알게 되었는가?					
	삶과 인격의 변화를 위해 기도할 준비가 되어 있는가?					
평가	이번주 총점					

"그러므로 내 사랑하는 형제들아 견실하며 흔들리지 말고 항상 주의 일에 더욱 힘쓰는 자들이 되라 이는 너희 수고가 주 안에서 헛되지 않은 줄 앎이라" (고전 15:58)

- 이번주 생일자는?
- 다음주 청년부 행사는?
- 이번 달 암송 구절과 필독서는?
- 이번주 소그룹 특이 사항은?
- 다음주 전도할 대상은?

7과
가려지지 않는 죄

사무엘하 11장 1~27절

우리 삶에는 가려지지 않는 것들이 많다.
나이가 들면서 나온 뱃살도 가리기가 어렵고,
주님이 참 잘했다고 계속 쓰다듬으셔서 벗겨지는 머리도
가리기가 쉽지 않다.
어떤 사람은 화가 나면 얼굴에 다 드러나서 감출 수가 없다고 말하고,
부끄러우면 귀가 빨개져서 감출 수가 없다고 말하는 사람도 있다.
누군가가 맘에 안 들면 그것도 사람이 영물인지라
결국은 상대가 느끼게 된다.
부한 사람은 부한 티를 안 내는 데도 그 티가 난다.
누군가를 좋아하면 그 좋아하는 마음도 티가 난다.
그래서 그 사람 앞에서 말을 더듬거나, 얼굴이 붉어지고,
엉뚱한 짓을 하기도 한다.
우리 인생, 감출 수 있는 게 얼마나 될까?
생각해 보면, 감출 수 있는 것은 거의 없다.
'공공연한 비밀'이라는 말도 있고,
'낮말은 새가 듣고, 밤말은 쥐가 듣는다'라는 말도 있듯이 비밀이란 없다.
인생에 감출 수 있는 것이 그리 많지 않다면
우리는 어떤 삶을 사는 것이 지혜로운 것일까?

말씀암송 | 시편 32편 1절

허물의 사함을 받고 자신의 죄가 가려진 자는 복이 있도다

|다가서기|

1. 당신의 표정에서 어떤 감정을 가장 감추기가 어려운지 말해 보라. 그 이유도 생각해 보라.

인도자가이드 |

사람은 누구나 감정을 감추기가 어렵다. 대부분의 감정을 감춰도 결정적인 슬픔이나 흥분, 미움이나 기쁨은 감추기가 어렵다. 감춰질 수 있는 것이 그리 많지 않다는 사실을 주지시키면서 죄의 문제도 그렇다는 사실을 인지시키라.

|깊이보기|

본문은 다윗이 밧세바를 범하고 그것을 은폐하기 위해 그의 남편 우리아를 죽이는 장면을 기록하고 있다. '왕이 출전할 때(봄)' 다윗은 오히려 저녁때에 침상에서 일어나 왕궁 옥상을 거닐었다. 거기서 밧세바를 보고 왕궁으로 불러들여 동침하게 되고, 몇 달 뒤 임신한 사실을 알게 된다.

이 사실을 감추기 위해서 다윗은 전쟁터에 있는 남편 우리아를 오게 하고, 밧세바와 동침하도록 집으로 보내지만, 충신 우리아는 아내와 동침하지 않았다. 결국, 다윗은 요압 장군에게 편지를 써 전장 제일 앞에 세워서 우리아를 활에 맞아 죽게 한다. 그 후 애도의 기간이 끝나자 다윗은 그녀를 왕궁으로 데려와서 아내를 삼았고, 얼마 뒤 아들을 낳게 된다. 하지만 하나님은 이 일을 악하게 보셨다.

2. 왕들이 출전할 때에 다윗은 어떤 일을 했는지 자신의 말로 정리해 보라(1~4절).

말씀살피기

그 해가 돌아와 왕들이 출전할 때가 되매 다윗이 요압과 그에게 있는 그의 부하들과 온 이스라엘 군대를 보내니 그들이 암몬 자손을 멸하고 랍바를 에워쌌고 다윗은 예루살렘에 그대로 있더라, 저녁 때에 다윗이 그의 침상에서 일어나 왕궁 옥상에서 거닐다가 그 곳에서 보니 한 여인이 목욕을 하는데 심히 아름다워 보이는지라, 다윗이 사람을 보내 그 여인을 알아보게 하였더니 그가 아뢰되 그는 엘리암의 딸이요 헷 사람 우리아의 아내 밧세바가 아니니이까 하니, 다윗이 전령을 보내어 그 여자를 자기에게로 데려오게 하고 그 여자가 그 부정함을 깨끗하게 하였으므로 더불어 동침하매 그 여자가 자기 집으로 돌아가니라 [삼하 11:1-4]

인도자가이드 |

저녁에 침상에서 일어나 밧세바가 목욕하는 모습을 보고 반해 그녀를 왕궁으로 데려오게 하여 동침한다.

3. 밧세바가 임신했다는 소식을 듣고 다윗은 어떻게 반응했는가?(5-9절)

말씀살피기

그 여인이 임신하매 사람을 보내 다윗에게 말하여 이르되 내가 임신하였나이다 하니라, 다윗이 요압에게 기별하여 헷 사람 우리아를 내게 보내라 하매 요압이 우리아를 다윗에게로 보내니, 우리아가 다윗에게 이르매 다윗이 요압의 안부와 군사의 안부와 싸움이 어떠했는지를 묻고, 그가 또 우리아에게 이르되 네 집으로 내려가서 발을 씻으라 하니 우리아가 왕궁에서 나가매 왕의 음식물이 뒤따라 가니라, 그러나 우리아는 집으로 내려가지 아니하고 왕궁 문에서 그의 주의 모든 부하들과 더불어 잔지라 [삼하 11:5-9]

인도자가이드 I

사람을 보내어 밧세바의 남편 우리아를 데려오게 한다. 그리고 그의 노고를 치하하며 집에 가서 밧세바와 동침하도록 유도한다. 하지만 충신 우리아는 그렇게 하지 않고 부하들과 함께 왕궁 문에서 노숙을 하게 된다.

4. 그 이튿날에 우리아가 집으로 내려가지 않은 것을 알고 마지막에 다윗은 어떻게 행동하는가?(14,15절) 이런 다윗의 행동을 통해서 당신이 느끼는 죄의 특성에 대해 말해 보라.

말씀살피기

아침이 되매 다윗이 편지를 써서 우리아의 손에 들려 요압에게 보내니, 그 편지에 써서 이르기를 너희가 우리아를 맹렬한 싸움에 앞세워 두고 너희는 뒤로 물러가서 그로 맞아 죽게 하라 하였더라 [삼하 11:14,15]

인도자가이드 I

술에 취하게 하는 방법까지 실패하자 다윗은 요압에게 우리아를 맹렬한 싸움 앞 자리에 세워 죽게 하라는 편지를 써서, 우리아에게 들려 전쟁터로 보낸다. 다윗은 계속해서 그의 죄를 감추려고 하지만 죄는 감춰지지 않고, 점점 더 큰 죄로 치닫게 되는 것을 본다.

5. 우리아가 전쟁터에서 죽었다는 전갈을 받고 다윗의 태도는 어떠했는가? 다윗의 심리를 자신의 말로 풀어 설명해 보라(25절).

말씀살피기

다윗이 전령에게 이르되 너는 요압에게 이같이 말하기를 이 일로 걱정하지 말라 칼은 이 사람이나 저 사람이나 삼키느니라 그 성을 향하여 더욱 힘써 싸워 함락시키라 하여 너는 그를 담대하게 하라 하니라 [삼하 11:25]

인도자가이드 I

자신이 우리아를 죽여놓고, 칼이 죽였다고 책임을 회피한다. 어쩌면 다윗은 안도의 한숨을 쉬었을지도 모른다. 자신의 죄가 가려졌다고 생각했기 때문일 것이다.

6. 우리아가 죽고 장례를 마치자 다윗은 밧세바를 버리지 않고 왕궁으로 데리고 와 그의 아내를 삼는다. 하지만 하나님은 이 일을 어떻게 보고 계시는가?(27절)

말씀살피기

그 장례를 마치매 다윗이 사람을 보내 그를 왕궁으로 데려오니 그가 그의 아내가 되어 그에게 아들을 낳으니라 다윗이 행한 그 일이 여호와 보시기에 악하였더라 [삼하 11:27]

인도자가이드 I

어쩌면 다윗에게는 작은 죄책감이 있었을지 모른다. 그 죄책감으로 밧세바를 데리고 왔고, 그녀를 아내로 맞아 할 도리를 다 한 것처럼 보인다. 이제 태어난 아이는 이방 장군의 아들이 아니라 왕자가 되었고, 밧세바는 미망인이 아니라 왕비가 되었다. 하지만 하나님은 이 사실을 악하게 보신다. 하나님은 죄의 정도가 아니라 죄를 가리려는 태도 자체를 악으로 간주하신다.

7. 당신은 사람들이 죄를 어떻게 취급한다고 생각하는가? 죄는 가려지지 않는다는 관점에서 사람들이 죄를 어떻게 취급하는지, 그리고 어떻게 취급해야 하는지를 나누어 보라(사 1:18).

말씀살피기

여호와께서 말씀하시되 오라 우리가 서로 변론하자 너희의 죄가 주홍 같을지라도 눈과 같이 희어질 것이요 진홍 같이 붉을지라도 양털 같이 희게 되리라 [사 1:18]

인도자가이드 I

사람들 역시 죄를 감추고 가리려고 한다. 왜 그런지 아무도 가르쳐 주지 않았지만, 사람들은 죄가 부끄러운 것이라는 사실을 안다. 하지만 죄는 가려지지 않는 성질을 가지고 있다는 사실도 알아야 한다. 죄에 대한 가장 현명한 취급은 그 죄를 용서하실 수 있는 분께 고하고 죄값을 지불하는 것이다.

8. 죄의 본질이 가려지지 않는 것이라면, 어떻게 하는 것이 죄에 대한 가장 지혜로운 방법일 것 같은가?(요일1:9)

말씀살피기

만일 우리가 우리 죄를 자백하면 그는 미쁘시고 의로우사 우리 죄를 사하시며 우리를 모든 불의에서 깨끗하게 하실 것이요 [요일 1:9]

인도자가이드 I

죄는 가려지지 않는 것이기 때문에 가장 좋은 방법은 그 죄를 인정하는 것이다. 그래서 죗값을 지불하고 죄 용서를 받는 것이다. 하나님은 우리의 죗값을 지불하시기 위해 당신의 아들에게 대신 죗값을 물으셨다. 그러므로 예수 믿는 자는 누구든지 용서를 받는다.

9. 주님은 죄를 자백하는 자에게 용서를 선언하셨다. 어째서 그럴 수 있는지 서로에게 주 예수의 복음을 들려주는 시간을 가져보라(요1:12).

말씀살피기

영접하는 자 곧 그 이름을 믿는 자들에게는 하나님의 자녀가 되는 권세를 주셨으니 [요 1:12]

인도자가이드 |

우리가 죄를 자백해도 죗값을 그대로 지불해야 한다면 죄의 자백은 어리석은 것이 될 것이다. 하지만 하나님은 우리의 죗값을 지불하기 위해 우리 대신 아들 예수를 십자가에 못박혀 죽게 하셨다. 예수의 죽으심은 우리의 죗값을 지불하신 것이다. 이 사실을 믿는 자에게는 더 이상 죄가 가려야 할 것이 아니다.

|다짐하기|

10. 당신에게는 감추고 있는 죄가 있는가? 오늘 이 죄를 하나님 앞에 솔직하게 자백하라. 그룹원들에게는 말하지 않아도 좋다. 하지만 오늘, 아니 이번 주가 넘어가기 전에 반드시 그 죄를 자백하고 죄 용서의 감격을 회복하라.

인도자가이드 |

나눌 수 있는 사람은 나누게 하고, 그렇지 못하다면 집으로 돌아가서 반드시 하나님께 고백하는 시간을 갖게 하라. 그룹원들은 서로를 위해 중보하는 한 주간을 보내고, 채팅방에 서로 응원하는 메시지를 올리는 것도 좋다. 회개해야 용서받는 것이 아니라 용서 받았기 때문이 회개할 수 있는 것임을 주지시키라.

ㅣ관점얻기

범죄한 다윗의 모습

요압의 보고를 듣고 다윗은 '칼은 이 사람이나 저 사람이나 삼키느니라'라고 말한다(25절). 다윗은 지금 범죄의 책임을 자신이나 요압이 아닌 비인격체인 칼에 돌리고 있다. 쓰나미나 코로나가 사람을 많이 죽이지만 그런 것을 법정에 세울 수 없는 이유는 비인격체이기 때문이다. 다윗은 이제 하나님의 말씀이 아니라 자기 합리화라는 기준으로 죄를 판단하고 있다. 그리고 다윗은 '이 일로 걱정하지 말라'라고 말한다.

이 말을 직역하면, '이 일이 네 눈에 악하지 않도록 하라'다. 스스로 악하지 않은 일로 여기면서 전쟁이나 전념하라고 달관한 사람처럼 '인생이 다 그런거지, 뭐'라고 말하고 있다. 하지만 27절 끝에 보면, '다윗이 행한 그 일이 여호와 보시기에 악하였더라'라고 말한다. 직역하면 '이 일이 여호와의 눈에는 악하였다'는 뜻이다. 저자는 25절과 27절을 대조해서 다윗의 죄악을 드러내고 있다.

죄를 덮기 위해 다윗이 한 일

죄는 잊을 수는 있어도 가릴 수는 없다. 가릴 수 있다고 생각하는 것은 인간의 착각이다. 우리의 죄는 반드시 드러나게 된다. 여자가 임신된 걸 알고, 아들을 낳기까지 적어도 열 달 이상은 걸린다. 그 말은 다윗이 죄를 짓고 적어도 열 달 동안 아무 일도 없었다는 말이다. 완전 범죄가 되었다. 다 덮이는 것 같다. 하지만 성경은 다윗의 죄를 구체적으로 아주 낱낱이 기록하고 있다. 그리고 다음 장에 가면 드디어 나단이 찾아와 죄를 드러낸다. 그뿐만이 아니다.

마1장6절에 보면, 예수님의 계보에 다섯 명의 여인이 등장한다. 다말, 라합, 룻, 마리아, 다 자기 이름으로 기록된다. 하지만 밧세바만 '우리아의 아내'로 기록된다. 죄는 가려지는 것이 아니라는 말이다. 다윗은 자신의 죄를 가리기 위해 계속해서 사람들을 보낸다(샬라흐). 절대권력자가 된 다윗은 더 이상 자신이 직면하지 않는다. 하지만 죄가 해결되지 않는다. 죄는 반드시 드러나기 때문이다. 하나님 앞에 나아가 용서를 구하고 죄 사함을 받아야 한다.

죄를 덮기 위해 하나님이 하신 일

죄를 덮기 위해 다윗이 사람을 보낸 것처럼 하나님도 똑같이 사람을 보내신다(샬라흐). 12장에 가면, 1년 뒤, 아무도 모르게 죄가 덮혔다고 생각될 시점에 나단을 보내신다. 여기에는 두 가지 의미가 있다. 첫 번째는 절대권력자 다윗의 행동과 똑같이 선지자 나단을 보내심으로 '진정한 절대권력자는 네가 아니라 나'라는 사실을 교훈하신 것이다. 두 번째는 '보내심(샬라흐)'을 통해 다윗이 자복하고 회개하도록 하신 것이다. 이는 하나님께서 앞으로 우리를 어떻게 회복시키실지를 예표하신 것이다. 하나님은 우리의 죄를 덮기 위해서 아들 예수 그리스도를 이 땅에 보내실 것이다.
그리고 십자가와 부활로 용서의 길을 열어놓으시고 영접하는 자에게는 하나님의 자녀로 영원히 살도록 성령을 보내실 것이다. 그리고 구원이 완성되는 재림의 날 다시 아들 예수를 보내실 것이다.
이 덮으시는 하나님 나라 역사에 있어서 간과하지 말아야 할 보내심이 하나 더 있다. 그것은 하나님께서 우리도 이 땅에 보내셨다는 사실이다. 이제 우리는 어떻게 살아야 하는지를 결정해야 한다. 다윗으로 살 것인가? 요압으로 살 것인가? 아니면 우리아로 살 것인가를 결정해야 한다. 우리는 보냄받은 자로 살아야 한다. 그것이 죄를 용서받은 자, 가리움을 받은 자의 삶의 모습이다.

|청년 자기 체크리스트|

아래의 체크리스트를 가지고 오늘 소그룹 모임에 임한 자신의 태도를 충분히 점검해 보라.

점검 사항		5	4	3	2	1
준비 및 예습	본 과를 준비하면서 충분히 예습은 하였는가					
	각 과의 분명한 목적은 알고 모임에 임했는가?					
	성령께서 나를 만지시도록 기도로 준비하였는가?					
	소그룹원들을 위해서 중보하였는가?					
	리더를 위해서 중보하였는가?					
	나를 변화시키실 하나님을 기대하는 마음으로 임했는가?					
참여 및 자세	적극적으로 질문과 대답에 참여했는가?					
	정직하게 자신을 오픈했는가?					
	지체들의 발표에 사랑하는 마음으로 공감적 경청을 하였는가?					
	모임 중 성령의 인도하심을 계속적으로 기도했는가?					
	하나님께서 원하시는 것이 무엇인지 분명히 알았는가?					
	발견된 진리를 삶과 인격에 적용하기로 결단했는가?					
	이번주에 중보할 지체를 발견했는가?					
적용 및 결단	삶과 인격 변화를 위한 이번주 자신의 적용은 구체적인가?					
	배운 내용이 삶의 상황에 분명히 적용되었는가?					
	소그룹 모임에 대한 만족감이 있었는가?					
	배운 내용을 분명하게 정리했는가?					
	이번 과의 주제와 목적을 분명히 알게 되었는가?					
	삶과 인격의 변화를 위해 기도할 준비가 되어 있는가?					
평가	이번주 총점					

"그러므로 내 사랑하는 형제들아 견실하며 흔들리지 말고 항상 주의 일에 더욱 힘쓰는 자들이 되라 이는 너희 수고가 주 안에서 헛되지 않은 줄 앎이라" (고전 15:58)

- 이번주 생일자는?
- 다음주 청년부 행사는?
- 이번 달 암송 구절과 필독서는?
- 이번주 소그룹 특이 사항은?
- 다음주 전도할 대상은?

8과
회개와 용서

사무엘하 12장 1~31절

회개가 무엇일까?

우리가 생각하는 회개란

내 죄를 시인하고 죄책감의 진정성을 높이는 것 같다.

인간관계 안에서 회개하고 용서를 비는 것은

나의 잘못을 인정하는 개념이다.

주님은 그 용서는 일흔 번씩 일곱 번이라도 해야 한다고 가르치셨다.

이 일흔 번씩 일곱 번을 어떤 분은 70^7으로 해석해서

8조 2,354억 3천만 번, 즉 무한대로 용서해 주어야 한다고 말한다.

하나님과의 관계에서 회개와 용서가 이런 의미일까?

회개하기만 하면 무조건 용서해 주신다면,

그 회개의 기준은 뭘까?

회개에 따라 용서가 주어진다면,

회개의 정도에 따라서 용서의 정도도 결정되어야 하는 것 아닐까?

말씀을 통해서 복음이 말하는 회개와 용서가 무엇인지 발견해 보자.

말씀암송 | 시편 99편 8절

여호와 우리 하나님이여 주께서는 그들에게 응답하셨고 그들의 행한 대로 갚기는 하셨으나 그들을 용서하신 하나님이시니이다

|다가서기|

1. 용서를 빌어본 적과 용서를 받아본 적이 있는가? 그때의 상황과 기분이 어떠했는지 가볍게 나누어 보라.

인도자가이드 |

용서는 빌기도 어렵지만, 온전히 받기도 어렵다. 용서를 해 주었다고 해도 내가 받은 상처는 없어지지 않는다. 그런 관점에서 하나님께서 해 주신 용서도 어쩌면 누군가의 대가가 있었을 것을 짐작하도록 도우라.

|깊이보기|

본문은 다윗이 밧세바를 범하고 우리아를 죽인 뒤 1년쯤 지났을 때 하나님께서 나단 선지자를 보내 다윗의 죄를 지적하시는 장면이다. 나단의 비유에 대노하는 다윗은 결국 자신이 지은 죄를 지적하고 있다는 사실을 깨닫게 된다. 그러자 다윗은 바로 자신의 죄를 인정했고, 그랬더니 나단도 역시 바로 하나님의 용서를 선언한다. 얼마 후 밧세바가 낳은 아이가 심히 앓게 되고 7일을 앓는 동안 다윗은 금식하며 간구했지만 결국 그 아이는 죽게 된다. 아이의 죽음을 알아차린 다윗은 다시 일상생활로 돌아오고, 그 후에 다윗과 밧세바는 두 번째 아이를 낳게 되는데, 그가 바로 솔로몬이다.

하나님께서 이 아이를 사랑하셔서 '여디디야'라는 이름을 주셨고, 그러는 동안 다윗의 나라는 점점 더 확장된다는 내용이다.

2. 나단이 다윗의 죄를 지적했을 때(7~12절) 다윗의 반응은 어땠고, 그 반응에 대한 하나님의 반응은 어떠했는가?(13,14절)

말씀살피기

다윗이 나단에게 이르되 내가 여호와께 죄를 범하였노라 하매 나단이 다윗에게 말하되 여호와께서도 당신의 죄를 사하셨나니 당신이 죽지 아니하려니와, 이 일로 말미암아 여호와의 원수가 크게 비방할 거리를 얻게 하였으니 당신이 낳은 아이가 반드시 죽으리이다 하고 [삼하 12:13,14]

인도자가이드 |

다윗은 즉각적으로 여호와께 죄를 범하였다고 자백하였고, 이 반응에 나단이 전한 하나님의 말씀은 다윗의 죄가 용서를 받았다는 것이다.

3. 다윗은 틀림없이 밧세바와 우리아에게 죄를 지었다. 하지만 나단이 말하는 죄의 실상은 어떤 것이라고 말하는가?(9,10절) 여기서 우리가 깨달을 수 있는 죄의 특징은 무엇인가?

말씀살피기

그러한데 어찌하여 네가 여호와의 말씀을 업신여기고 나 보기에 악을 행하였느냐 네가 칼로 헷 사람 우리아를 치되 암몬 자손의 칼로 죽이고 그의 아내를 빼앗아 네 아내로 삼았도다, 이제 네가 나를 업신여기고 헷 사람 우리아의 아내를 빼앗아 네 아내로 삼았은즉 칼이 네 집에서 영원토록 떠나지 아니하리라 하셨고 [삼하 12:9,10]

인도자가이드 |

나단은 다윗의 죄가 여호와의 말씀을 업신여긴 죄라고 말하고, 그것은 곧 여호와를 업신여긴 죄라고 말한다. 우리의 모든 죄는 에덴에 있던 원죄의 연장선에 있는 죄다. 모든 죄의 실상은 여호와를 업신여기는 죄다.

4. 다윗이 지은 죄를 회개하는 모습을 통해 먼저 생각해 볼 수 있는 것은 회개란 나의 죄가 하나님을 향한 죄인 줄을 인식하는 것이다. 그 이유가 무엇이라고 생각하는가?(참고, 롬3장23절)

말씀살피기

모든 사람이 죄를 범하였으매 하나님의 영광에 이르지 못하더니 [롬 3:23]

인도자가이드 |

죄의 본질은 하나님의 말씀에 불순종하는 것이다. 따라서 모든 인간 세상에서의 죄는 결국은 하나님을 향한 죄다. 그래서 용서란 죄를 지은 당사자에게도 하는 것이지만, 반드시 하나님 앞에서 하는 회개가 필요하다.

5. 당신은 당신의 죄를 하나님 앞에서 지은 죄라고 믿는가? 그렇다면 어떻게 반응해야 할까? 그렇게 생각하지 않는다면 그 이유는 무엇인가?

인도자가이드 |

모든 죄는 죄를 지은 대상에게 용서를 빌어야 한다. 그 죄가 하나님을 향한 죄라는 사실을 인식하지 못하면 회개란 할 필요가 없다. 단지 직접적인 당사자에게 용서만 빌면 된다. 하지만 그것은 진정한 회개가 아니다. 모든 죄는 하나님을 향하고 있기 때문이다.

6. 하나님은 다윗을 분명히 용서해 주신다고 했다(13절). 하지만 죄의 결과가 있는 듯하다. 그것은 무엇이고, 이것을 통해 알 수 있는 용서의 의미는 무엇일까?(14절)

말씀살피기

이 일로 말미암아 여호와의 원수가 크게 비방할 거리를 얻게 하였으니 당신이 낳은 아이가 반드시 죽으리이다 하고 [삼하 12:14]

인도자가이드 |

죄는 용서해 주셨지만, 그 죄로 인해 생긴 아이는 죽게 될 것이라고 말씀하신다. 여기서 '사하셨나니(아바르)'라는 말은 '건너가다, 옮겨가다'라는 뜻이다. 성경이 말하는 용서는 죄의 책임이 건너가고 옮겨가는 것이다. 다윗이 범한 죄의 책임이 다윗에게서 태어난 아이에게로 옮겨갔다. 이것은 결국 우리의 죗값 역시 사라지는 것이 아니라 우리에게서 하나님의 아들에게로 옮겨가게 될 것을 시사하는 것이다.

7. 그 아이가 죽은 후 하나님께서는 솔로몬을 주셨다. 그때 하나님은 어떻게 반응하셨고, 이것은 무엇을 의미한다고 생각하는가?(24,25절)

말씀살피기

다윗이 그의 아내 밧세바를 위로하고 그에게 들어가 그와 동침하였더니 그가 아들을 낳으매 그의 이름을 솔로몬이라 하니라 여호와께서 그를 사랑하사, 선지자 나단을 보내 그의 이름을 여디디야라 하시니 이는 여호와께서 사랑하셨기 때문이더라 [삼하 12:24,25]

인도자가이드 |

하나님은 태어난 솔로몬을 사랑하셔서 '여디디야'라는 이름을 주셨다. 솔로몬은 샬롬이라는 의미로, 이는 장차 오실 하늘의 평화요 사랑하시는 아들이신 예수님을 상징한다. 다윗을 대신하여 죽은 첫 번째 아이와 두 번째 아이 솔로몬(여디디야)은 결국 우리의 죄를 대신 지고 죽으신 예수 그리스도를 예표한다. 용서란 우리의 죄책을 예수께서 대신 지고 죽으셔서 주신 샬롬이다.

8. 범죄한 다윗이 용서를 받는 상황을 잘 묵상해 보고, 우리가 용서받는 근거가 무엇인지 나누어 보라.

인도자가이드 |

다윗은 자신의 회개를 통해서 용서받은 것이 아니다. 물론 처절한 회개였겠지만, 아무리 회개가 진정성이 있어도 회개 때문에 용서를 받는 것이 아니다. 본문이 말하고자 하는 용서의 근거는 하나님의 언약이다. 다윗의 진정성 있는 뉘우침이 아니라 하나님의 신실한 약속 때문에 용서를 받은 것이다. 언약, 즉 복음 안에 있을 때 우리의 회개는 용서로 이어진다. 이것이 기독교에서 말하는 용서다.

9. 첫 번째 아이가 죽어갈 때와 죽은 후에 다윗이 보인 행동은 회개와 용서 사이에서 우리의 모습이 어떠해야 하는지를 상징한다. 회개와 용서를 구하는 우리의 모습이 어떠해야 하는지 정리해 보고, 자신의 모습과 비교해 보라(15~23절).

인도자가이드 |

첫 번째, 다윗의 금식과 엎드림은 용서 구함의 방법이며, 동시에 주님의 죽으심에 동참하는 방법이다. 주님이 우리 대신 죽으셨으니까 그분의 고난에 애통함으로 동참하는 것이다. 두 번째, 다윗의 경배는 우리의 죽음을 대신하신 주님께 경배하고, 감사하는 것이다.

|다짐하기|

10. 당신의 회개를 돌아보라. 다윗의 회개와 하나님의 용서를 떠올리며, 내 속에 회복되어야 할 회개의 모습은 어떤 것인지 생각해 보라. 그리고 진정으로 나의 죄를 대신 지신 예수님께 경배와 감사를 드려보라.

인도자가이드 |

회개의 진정성보다도 하나님의 약속된 말씀 때문에 용서받는 것임을 잊지 말고, 끊임없이 주님의 말씀을 붙드는 연습을 해야 한다. 죄가 깨달아질 때 뒤로 미루지 말고 다윗과 같이 정직하게 죄를 인정하고, 용서를 구하는 것은 그리스도인의 삶의 방식이다.

|관점얻기|

다윗의 죄

우리아는 죽었고, 밧세바는 다윗의 아내가 되었고, 아들까지 태어났다. 이제 모든 것이 덮였다. 그런데 1년이 지난 어느 날 나단 선지자를 통해 다윗의 죄를 지적하신다. 그 이야기를 들은 다윗은 '그는 마땅히 죽을 자라, 네 배를 갚아야 하리라'고 격분한다(5,6절). 네 배라고 한 이유는 출22장1절에 양을 도둑질한 자는 네 배로 갚아야 한다고 했기 때문이다. 사실 이 말은 다윗이 자신에게 한 선고와 같다.

결국 밧세바가 낳은 아이와 암논, 압살롬, 아도니야, 이렇게 다윗의 죽을 네 아들을 상징한다고 보인다(McCarter). 다윗의 구체적인 죄는 살인과 간음과 탐욕이다. 그런데 성경은 다윗의 죄를 여호와의 말씀을 업신여긴 죄라고 말한다(9절). 여호와의 말씀을 업신 여긴 죄는 결국 여호와를 업신여긴 죄다(10절). 하나님을 업신여긴 죄란 하나님의 말씀을 자신에게 적용하지 않는 것이다. 죄의 문제가 남의 문제인 이상 다윗은 신앙인이 아니라 종교인에 불과한 것이다.

하나님의 심판

이에 대한 하나님의 심판은 원수에게 비방할 거리를 주었으니까 아이는 죽게 된다는 것이다.

이 표현은 우회법으로 여기서 '여호와의 원수'는 '사탄'이 아니라 '여호와'다. 여호와를 경멸하는 것이 신성모독적 표현이기 때문에 우회적으로 여호와의 원수라고 표현하는 것이다. 비슷한 예가 삼상25장22절이다.
아이가 죽는 이유는 여호와를 경멸했기 때문이라는 뜻이다. 구약에서 여호와 경멸 죄는 용서받지 못할 죄다. 다윗은 죽을 수밖에 없는 죄를 지은 것이다. 그런데 대신에 아이를 죽이시겠다는 것이다. 이것이 하나님의 심판이다. 다윗에 대한 심판의 근거는 물증이 아니다. 물증은 없다. 바로 하나님의 말씀에 근거한 심판이다. 물증이 아니라 말씀에 의한 유죄 판결, 이것이 하나님 나라의 법 집행임을 잊지 말아야 한다.

회개의 의미

다윗은 '내가 죄를 범했노라!'하고 즉각적이고 단편적인 회개를 한 것 같지만, 시편 51편을 보면, 처절한 회개였다. 모든 죄는 하나님을 향한 것이기 때문에 다윗은 하나님께 회개한 것이다. 회개란 죄의 문제를 남의 문제가 아니라 자신의 문제로 여기는 것이다. 모든 죄는 에덴동산의 죄를 재연하는 것이다. 그래서 뿌리는 하나다. 하나님을 업신여기고 경멸하는 것이다. 기억해야 할 것은 우리가 죄를 지을 때마다 하나님은 상처받으신다는 점이다. 회개는 상처받으신 하나님의 마음에 반응하는 것이다.
어거스틴은 "오, 복된 죄여(felix culpa)! 너로 말미암아 우리가 위대한 구세주를 얻게 되었도다!"라고 말했다.

우리가 하나님을 가장 강력하게 체험하는 순간은 기적을 체험할 때나 치유를 경험할 때가 아니라 참으로 회개할 때다. 그 자체로 하나님을 의식하는 것이고, 하나님의 살아계심 앞에서의 반응이기 때문이다. 회개란 최고로 하나님을 체험하는 것이다.

하나님의 용서

13절의 '사하셨나니(아바르)'라는 말은 '건너가다, 옮겨가다'라는 뜻이다. 성경이 말하는 용서는 죄의 책임이 건너가고 옮겨가는 것이다. 다윗이 범한 죄의 책임은 다윗에게서 태어난 아이에게로 옮겨갔다. 그래서 아이가 죽는 것이다. 성경이 말하는 용서는 하나님께서 당신의 상처와 죄의 기억을 없이하는 것이지, 죄의 책임이 없어지는 것이 아니다.

죄의 책임은 사라지지 않는다. 단지 이쪽에서 저쪽으로 건너가고, 옮겨지는 것이다. 만약 용서가 죄의 책임을 사라지게 하는 것이라면, 예수님이 굳이 십자가에 달려 죽으실 필요는 없었을 것이다. 용서는 값없이 받은 것처럼 보이지만, 사실은 아들의 죽음이라는 값비싼 대가를 지불하고 주어지는 것이다.

첫 번째 아이가 죽고 두 번째 아이가 태어나 '샬롬, 평화'라는 뜻의 솔로몬이 되고, '여호와께 사랑을 받은 아이'라는 뜻의 '여디디야(예디데야)'라는 이름은 받은 것은 이 땅에 '하늘의 평화'로 오셔서(눅19:38), '사랑하는 아들'이라 불리시다가(마3:17), 그 하늘의 평화(샬롬)를 우리에게 주고 가신 하나님의 아들 예수 그리스도를 상징한다(마28:9).

다윗을 대신하여 죽은 첫 번째 아이와 두 번째 아이 솔로몬(여디디야)은 결국 우리의 죄를 대신 지고 죽으신, 그래서 진정한 평화(샬롬)를 선물해 주신 예수 그리스도의 구원 사역, 복음을 예표하는 것이다.

용서란 우리의 죄책을 예수께서 대신 지고 죽으셔서 주신 샬롬이다. 용서란 단순한 뉘우침이 아니라 하나님께서 주신 약속의 말씀, 즉 언약으로 주어지는 것이다. 언약 즉 복음 안에 있을 때 우리의 회개가 비로소 용서로 이어진다. 이것이 바로 기독교에서 말하는 용서다.

|청년 자기 체크리스트|

아래의 체크리스트를 가지고 오늘 소그룹 모임에 임한 자신의 태도를 충분히 점검해 보라.

	점검 사항	5	4	3	2	1
준비 및 예습	본 과를 준비하면서 충분히 예습은 하였는가					
	각 과의 분명한 목적은 알고 모임에 임했는가?					
	성령께서 나를 만지시도록 기도로 준비하였는가?					
	소그룹원들을 위해서 중보하였는가?					
	리더를 위해서 중보하였는가?					
	나를 변화시키실 하나님을 기대하는 마음으로 임했는가?					
참여 및 자세	적극적으로 질문과 대답에 참여했는가?					
	정직하게 자신을 오픈했는가?					
	지체들의 발표에 사랑하는 마음으로 공감적 경청을 하였는가?					
	모임 중 성령의 인도하심을 계속적으로 기도했는가?					
	하나님께서 원하시는 것이 무엇인지 분명히 알았는가?					
	발견된 진리를 삶과 인격에 적용하기로 결단했는가?					
	이번주에 중보할 지체를 발견했는가?					
적용 및 결단	삶과 인격 변화를 위한 이번주 자신의 적용은 구체적인가?					
	배운 내용이 삶의 상황에 분명히 적용되었는가?					
	소그룹 모임에 대한 만족감이 있었는가?					
	배운 내용을 분명하게 정리했는가?					
	이번 과의 주제와 목적을 분명히 알게 되었는가?					
	삶과 인격의 변화를 위해 기도할 준비가 되어 있는가?					
평가	이번주 총점					

"그러므로 내 사랑하는 형제들아 견실하며 흔들리지 말고 항상 주의 일에 더욱 힘쓰는 자들이 되라 이는 너희 수고가 주 안에서 헛되지 않은 줄 앎이라" (고전 15:58)

- 이번주 생일자는?
- 이번주 소그룹 특이 사항은?
- 다음주 청년부 행사는?
- 다음주 전도할 대상은?
- 이번 달 암송 구절과 필독서는?

9과
복음과 함께 고난받기

사무엘하 15장 1~37절

평안은 어디로부터 오는 것일까?
생각해 보면 평안은 순종으로부터 온다.
사람이 물을 보면 마음이 편해진다는 말을 한다.
그 이유는 물은 반역하는 일이 없기 때문이다.
늘 순리대로 흘러간다. 막히면 돌아가거나 기다렸다 간다.
평안한 인생도 하나님 말씀에 순종할 때 주어진다.
하지만 우리는 순종이라는 말을 썩 좋아하지 않는다.
도전하고, 쟁취하고, 이루어내는 것이 더 매력적으로 다가온다.
하지만 그런 삶을 살아보면 그 안에는 평안이 없다는 사실을 알게 된다.
순종하여 가는 길에 평안이 있는 법이다.
압살롬의 반역과 다윗의 반응은
우리에게 복음과 함께 고난받는 삶이 무엇인지 가르쳐 준다.

말씀암송 | 디모데후서 1장 8절

그러므로 너는 내가 우리 주를 증언함과 또는 주를 위하여 갇힌 자 된 나를 부끄러워하지 말고 오직 하나님의 능력을 따라 복음과 함께 고난을 받으라

|다가서기|

1. 마음이 불안하고 초조할 때가 있었는가? 그때는 언제였는지, 그 이유는 무엇이었는지 나누어 보자.

인도자가이드 |

마음이 불안하고 초조할 때는 평안이 깨어질 때다. 그리스도인들에게 평안은 뭔가 잘못하고 있을 때, 혹은 숨기는 것이나 확실하지 못할 때 깨어지는 법이다. 이런 이유를 서로 이야기하다 보면, 평안에 대한 힌트를 서로 얻을 수 있다.

|깊이보기|

삼하15장은 순종하지 못하고 결국은 반역을 일으킨 다윗의 한 아들, 압살롬의 이야기다. 압살롬이 다윗을 알현하고 4년 뒤 드디어 반역을 기하여 다윗이 예루살렘을 탈출하는 장면을 다루고 있다. 압살롬이 반역을 한 이유는 아버지에 대한 상처와 실망일 것이다. 7년 전 여동생의 강간 사건도 흐지부지 처리하고, 3년간의 망명 생활에, 2년 만의 상봉 역시 형식적이었다. 결정적으로 실질적인 장자인 자신을 왕위 계승자로 인정해주지 않았기 때문이다.

그래서 순종해야 할 아들이 반역을 일으킨 것이다. 이 반역으로 이스라엘에 주어졌던 평안, 샬롬이 깨진다.

2. 압살롬은 어떻게 반역을 준비해 갔는지 자신의 말로 정리해 보라(1~6절).

말씀살피기

그 후에 압살롬이 자기를 위하여 병거와 말들을 준비하고 호위병 오십 명을 그 앞에 세우니라, 압살롬이 일찍이 일어나 성문 길 곁에 서서 어떤 사람이든지 송사가 있어 왕에게 재판을 청하러 올 때에 그 사람을 불러 이르되 너는 어느 성읍 사람이냐 하니 그 사람의 대답이 종은 이스라엘 아무 지파에 속하였나이다 하면, 압살롬이 그에게 이르기를 보라 네 일이 옳고 바르다마는 네 송사를 들을 사람을 왕께서 세우지 아니하셨다 하고, 또 압살롬이 이르기를 내가 이 땅에서 재판관이 되고 누구든지 송사나 재판할 일이 있어 내게로 오는 자에게 내가 정의 베풀기를 원하노라 하고, 사람이 가까이 와서 그에게 절하려 하면 압살롬이 손을 펴서 그 사람을 붙들고 그에게 입을 맞추니, 이스라엘 무리 중에 왕께 재판을 청하러 오는 자들마다 압살롬의 행함이 이와 같아서 이스라엘 사람의 마음을 압살롬이 훔치니라 [삼하 15:1~6]

인도자가이드 |

압살롬은 먼저 병거와 호위병들을 거느리며 왕의 행세를 하였고, 송사로 오는 자들을 중간에서 가로채 왕이 너를 위해 재판해 줄 사람을 세우지 않았으니, 내가 해 주겠다고 하면서, 마치 선거철 정치인처럼 손을 잡고 입을 맞추며 백성들의 마음을 훔쳤다.

3. 4년을 준비한 압살롬은 반역을 어떻게 일으켰는지 자신의 말로 정리해 보라(7~12절).

말씀살피기

사 년 만에 압살롬이 왕께 아뢰되 내가 여호와께 서원한 것이 있사오니 청하건대 내가 헤브론에 가서 그 서원을 이루게 하소서, 당신의 종이 아람 그술에 있을 때에 서원하기를 만일 여호와께서 반드시 나를 예루살렘으로 돌아가게 하시면 내가 여호와를 섬기리이다 하였나이다, 왕이 그에게 이르되 평안히 가라 하니 그가 일어나 헤브론으로 가니라, 이에 압살롬이 정탐을 이스라엘 모든 지파 가운데에 두루 보내 이르기를 너희는 나팔 소리를 듣거든 곧 말하기를 압살롬이 헤브론에서 왕이 되었다 하라 하니라, 그 때 청함을 받은 이백 명이 압살롬과 함께 예루살렘에서부터 헤브론으로 내려갔으니 그들은 압살롬이 꾸민 그 모든 일을 알지 못하고 그저 따라가기만 한 사람들이라, 제사 드릴 때에 압살롬이 사람을 보내 다윗의 모사 길로 사람 아히도벨을 그의 성읍 길로에서 청하여 온지라 반역하는 일이 커가매 압살롬에게로 돌아오는 백성이 많아지니라 [삼하 15:7-12]

인도자가이드 I

드디어 정한 날이 되자 압살롬은 헤브론에 가서 서원 제사를 드리겠다고 다윗을 속이고, 모든 지파에 정탐을 보내 나팔 소리를 듣거든 '압살롬이 왕이 되었다'라고 외치도록 한다. 또 쿠데타가 성공했을 경우 자신을 도와 국정을 도모할 영문도 모르는 고위 각료 200명을 초대한다. 결정적으로 당대 최고의 지략가, 아히도벨까지 합세하게 한다.

4. 피난 길에 오른 다윗을 찾아온 사람들 중 첫 번째로 소개되는 사람은 누구인가?(19절) 돌아가라는 다윗의 말에 잇대는 어떻게 반응하는가?(21절)

말씀살피기

그 때에 왕이 가드 사람 잇대에게 이르되 어찌하여 너도 우리와 함께 가느냐

너는 쫓겨난 나그네이니 돌아가서 왕과 함께 네 곳에 있으라 [삼하 15:19]

잇대가 왕께 대답하여 이르되 여호와의 살아 계심과 내 주 왕의 살아 계심으로 맹세하옵나니 진실로 내 주 왕께서 어느 곳에 계시든지 사나 죽으나 종도 그 곳에 있겠나이다 하니 [삼하 15:21]

인도자가이드 |

다윗은 기드론 시냇가에서 그렛 사람과 블렛 사람과 가드 사람 잇대가 600명을 거느리고 온 것을 만난다. 모두 이방인 출신으로 다윗과 함께하기로 한 자들이다. 다윗은 '나는 정처 없이 가니 가족들과 함께 돌아가라'고 잇대의 안위를 축복해 준다. 하지만 잇대는 마치 룻이 나오미에게 했던 고백과 같이 '어디를 가든지 함께 하겠다'고 고백한다.

5. 성경 저자는 다윗의 피난 길을 어떻게 묘사하고 있고, 이런 묘사는 신약의 어떤 장면과 흡사한지 확인해 보라(요18장1절).

20절 – 정처 없이 가면서 은혜와 진리를 빌어주는 길

23절 – 큰 소리로 울며 기드론 시내를 건너 광야로 간 길

30절 – 머리를 가리고, 맨발로 울며 감람산으로 간 길

32절 – 옷을 찢고 흙을 머리에 덮어쓰고 간 길

말씀살피기

예수께서 이 말씀을 하시고 제자들과 함께 기드론 시내 건너편으로 나가시니 그곳에 동산이 있는데 제자들과 함께 들어가시니라 [요18장1절]

인도자가이드 |

다윗의 피난 길은 한 마디로 고난받는 자의 모습으로 묘사하고 있다. '고난받는 자가 기드론 시내를 건너 감람산으로 갔다'가 된다. 이 다윗의 모습은 고난받는 자 예수께서 잡히시는 날 밤 제자들과 함께 기드론 시내 건너편 감람산, 겟세마네 동산으로 가시는 모습을 상징한다.

6. 만약 다윗의 피난 길이 잡히시는 날 밤, 복음과 함께 고난받으시는 예수님의 길을 예표하는 것이라면, 등장하는 장면은 예수님의 고난 받으심을 예표하는 것들일 것이다. 관계있는 것들끼리 묶어 보라.

헤브론에 모인 그 200명과 '압살롬이 왕이 되었다'라고 외친 사람들	겟세마네에서 '아버지의 원대로 되기를 원하나이다' 하셨던 예수님의 기도
'왕께서 하고자 하시는 대로 우리가 행하리이다' 했던 다윗의 신하들	예수를 은 30에 팔고 자살한 가룟 유다
기드론 시내를 함께 건넌 그렛 사람, 블렛 사람, 가드 사람	장차 예수를 좇아 제자의 삶을 살 이방인들
모략이 실패하자 고향으로 돌아가 자살한 아히도벨	예수님을 좇아 겟세마네 동산까지 온 제자들
만일 여호와께서 원하시면 나를 다시 돌아오게 하실 것이라는 다윗의 기도	종려나무를 깔고 흔들면서, 영문도 모르고 '호산나 다윗의 자손이여' 외쳤던 자들

7. 다윗의 피난 길에 함께 했던 자는 한 마디로 복음과 함께 고난 받는 자들에 대한 구약적 묘사다. 신약에서 말하는 복음과 함께 고난받는 것과 이들을 비교하여 복음과 함께 고난받는 방법을 정리해 보라(딤후1장7,8절).

말씀살피기

하나님이 우리에게 주신 것은 두려워하는 마음이 아니요 오직 능력과 사랑과 절제하는 마음이니 [딤후 1:7]

그러므로 너는 내가 우리 주를 증언함과 또는 주를 위하여 갇힌 자 된 나를 부끄러워하지 말고 오직 하나님의 능력을 따라 복음과 함께 고난을 받으라 [딤후 1:8]

인도자가이드 I

바울은 우리에게 복음과 함께 고난을 받으라고 초대하면서 그 방법을 7절에서 소개한다. 그것은 두려워하지 말고 능력과 사랑과 절제하는 마음으로 하는 것이다. 이 사랑과 절제하는 모습이 다윗 속에 그대로 드러난다.

8. 우리는 복음과 함께 고난받는 다윗의 모습 속에서 하나님의 능력을 의지하고 사랑하며 절제하는 모습을 발견한다. 당신에게는 이런 복음과 함께 고난받는 자의 모습이 있는지 세 가지를 구체적으로 적용해서 나누어 보라(참고, 딤후1장7절).

말씀살피기

하나님이 우리에게 주신 것은 두려워하는 마음이 아니요 오직 능력과 사랑과 절제하는 마음이니 [딤후 1:7]

인도자가이드 |

다윗은 어려운 중에도 하나님의 능력을 의지했고, 함께하는 자들을 끝까지 사랑하며 은혜와 진리를 빌어준다. 그뿐만 아니라 감정을 절제하며 근신하여 하나님께 기도함으로 도우심을 구하고 있다. 복음과 함께 고난받는 자에게는 이런 세 가지의 삶의 방식이 드러난다.

9. 복음과 함께 고난받는 삶이란 어떤 것이라고 생각하는지 자신의 생각을 나누어 보라.

인도자가이드 |

복음과 함께 고난받는 삶이란 직접적으로는 복음을 전하다가 고난을 당하는 삶일 것이고, 간접적으로는 인생의 모든 순간을 복음으로 힘을 얻고, 말씀으로 해석하며 믿음으로 이겨나가는 삶을 말하는 것이다. 복음과 상관없는 삶과 복음과 함께 하는 삶을 놓고 서로 자신의 삶을 돌아보도록 도우라.

|다짐하기|

10. 복음과 함께 고난받는 삶의 세 가지 영역을 정리하고, 각 영역별로 내 삶에서 부족한 부분이 있는지 점검하여 복음과 함께 고난받는 삶을 위한 구체적인 계획을 세워보라.

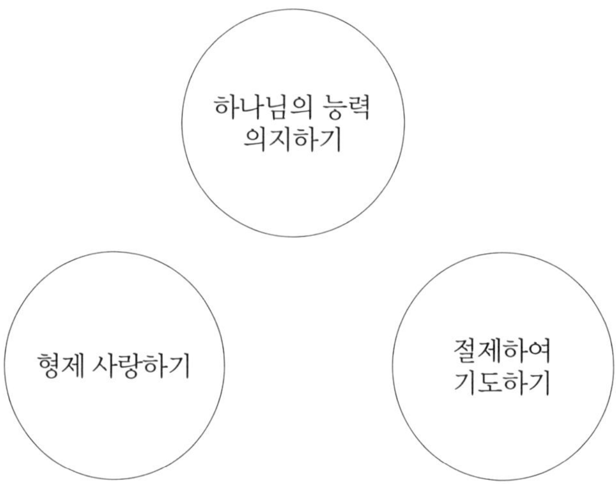

|관점얻기|

다윗이 피난 길에 만난 사람들

압살롬의 반역 소식을 듣고 다윗은 후궁 10명만 남겨두고 기드론 시내를 건너 감람산 길로 피신한다. 이 길을 23절에서는 다윗이 다시 광야 길로 향했다고 말한다. 이 피난 길에서 다윗은 일련의 사람들을 만나게 된다. 가장 먼저 소개되는 사람은 가드 사람 잇대다. 벧메르학(먼 궁, 마지막 집)이 있는 기드론 시냇가에서 그렛 사람과 블렛 사람과 가드 사람 잇대는 600명을 거느리고 왕을 따라나섰다(17절). 이들은 다 이방인 출신으로 다윗과 함께하기로 한 자들이다. 다윗은 '나는 정처 없이 가니 가족들과 함께 돌아가라'고 하면서 축복하지만(20절), 이들은 '어디를 가든지 함께 하겠다'고 고백한다(21절).

두 번째는 제사장 사독과 아비아달이 하나님의 언약궤를 메고 온다. 하지만 다윗은 '하나님의 궤를 성읍으로 도로 메어 가라'라고 말한다(25절). 더 이상 하나님을 수단으로 이용하지 않겠다는 고백이다.

세 번째는 다윗을 맞으러 나온 후새다. 후새는 다윗의 친구라고 소개된다(37절). 그는 아마도 다윗과 나이가 비슷한 고령으로(Gordon), 미드라쉬에 의하면, 압살롬의 반역으로 자살을 하려던 다윗을 설득하여 단념시킨 모사다. 다윗은 그런 후새도 돌아가서 아히도벨의 모략을 패하게 하라는 부탁을 한다.

다윗의 피난 길의 의미

다윗의 피난 길에 대한 묘사는 한 마디로 고난받는 자의 모습이다. 고난받는 자 다윗이 기드론 시내를 건너 감람산으로 가는 모습이다. 다윗의 피난 길은 고난 받으신 예수께서 잡히시는 날 밤 기드론 시내를 건너 감람산으로 가신 것을 연상케 한다. 만약 그렇다면, 오늘 이야기는 우리에게 복음과 함께 고난 받으신 예수 그리스도를 생각나게 한다. 헤브론에 영문도 모르고 모인 200명과 '압살롬이 왕이 되었다'라고 외친 사람들은 영문도 모르고 예수님을 향해 종려나무를 흔들면서, '호산나 다윗의 자손이여' 외쳤던 자들을 상징한다. '우리 주 왕께서 하고자 하시는 대로 우리가 행하리이다(15절)' 했던 다윗의 신하들은 예수님을 좇아 겟세마네 동산까지 온 제자들을 상징하고, 18절의 기드론 시내를 함께 건넌 그렛 사람, 블렛 사람, 가드 사람은 장차 예수를 좇아 제자의 삶을 살 이방인들을 상징한다. 자신의 모략이 실패하자 고향으로 돌아가 자살한 아히도벨은(cf.삼하17:23) 예수를 은 30에 팔고 자살한 가룟 유다를 상징하고, 25절에 '만일 여호와께서 원하시면 나를 다시 돌아오게 하실 것이라' 고백했던 다윗의 기도는 겟세마네에서 '아버지의 원대로 되기를 원하나이다' 하셨던 예수님의 기도를 상징한다.

어떻게 복음과 함께 고난받을 것인가?

딤후1장8절 이렇게 말한다. "그러므로 너는 내가 우리 주를 증언함과 또는 주를 위하여 갇힌 자 된 나를 부끄러워하지 말고 오직 하나님의 능력을 따라 복음과 함께 고난을 받으라" 복음과 함께 고난받는 방법은 7절에서 "하나님이 우리에게 주신 것은 두려워하는 마음이 아니요 오직 능력과 사랑과 절제하는 마음이니"라고 설명한다. 복음과 함께 고난받는 삶은 하나님의 능력 안에서 사랑하고 절제하는 것이다. 이 사랑과 절제의 모습이 다윗 속에서 그대로 드러난다.

다윗의 사랑은 600명과 함께 찾아온 가드 사람 잇대에게 진심으로 은혜와 진리를 빌어주는 모습으로 드러난다. '잇대'라는 이름은 '친밀한 친구'라는 뜻이다. 후새도 다윗의 친구라고 말한다. 다윗은 그의 신하들을 친구처럼 사랑한 것이다. 요15장12-14절에서 주님은 사람이 친구를 위하여 자기 목숨을 버리면 이보다 더 큰 사랑이 없다고 하시면서 우리를 친구로 삼아주셨다.

다윗의 절제는 깨어 근신하여 기도하는 것으로 드러난다. 사독과 아비아달이 언약궤를 메고 왔을 때 다윗은 그 법궤를 이용하지 않으려고 절제하며 기도한다. 국가의 중요 각료들 200명과 많은 백성이 압살롬의 편에 섰을 때도 다윗은 하나님의 주권에 맡기는 기도를 한다. 이때 지었던 기도가 시편 3편이다. 결정적으로 최고의 지략가인 아히도벨이 압살롬의 편에 섰다는 소식을 듣고도 다윗은 기도했다. 이때 지은 기도가 시편 55편이다. 밧세바가 낳은 아들을 위해 기도한 이후 처음으로 다윗이 기도했다는 내용이 등장한다. 점점 영적으로 어두워가는 다윗에게 고난이 찾아오자 다시 기도를 회복하게 된 것이다.

|청년 자기 체크리스트|

아래의 체크리스트를 가지고 오늘 소그룹 모임에 임한 자신의 태도를 충분히 점검해 보라.

점검 사항		5	4	3	2	1
준비 및 예습	본 과를 준비하면서 충분히 예습은 하였는가					
	각 과의 분명한 목적은 알고 모임에 임했는가?					
	성령께서 나를 만지시도록 기도로 준비하였는가?					
	소그룹원들을 위해서 중보하였는가?					
	리더를 위해서 중보하였는가?					
	나를 변화시키실 하나님을 기대하는 마음으로 임했는가?					
참여 및 자세	적극적으로 질문과 대답에 참여했는가?					
	정직하게 자신을 오픈했는가?					
	지체들의 발표에 사랑하는 마음으로 공감적 경청을 하였는가?					
	모임 중 성령의 인도하심을 계속적으로 기도했는가?					
	하나님께서 원하시는 것이 무엇인지 분명히 알았는가?					
	발견된 진리를 삶과 인격에 적용하기로 결단했는가?					
	이번주에 중보할 지체를 발견했는가?					
적용 및 결단	삶과 인격 변화를 위한 이번주 자신의 적용은 구체적인가?					
	배운 내용이 삶의 상황에 분명히 적용되었는가?					
	소그룹 모임에 대한 만족감이 있었는가?					
	배운 내용을 분명하게 정리했는가?					
	이번 과의 주제와 목적을 분명히 알게 되었는가?					
	삶과 인격의 변화를 위해 기도할 준비가 되어 있는가?					
평가	이번주 총점					

"그러므로 내 사랑하는 형제들아 견실하며 흔들리지 말고 항상 주의 일에 더욱 힘쓰는 자들이 되라 이는 너희 수고가 주 안에서 헛되지 않은 줄 앎이라" (고전 15:58)

- 이번주 생일자는?
- 다음주 청년부 행사는?
- 이번 달 암송 구절과 필독서는?
- 이번주 소그룹 특이 사항은?
- 다음주 전도할 대상은?

10과
하나님이 나를 사랑하시는 방법

사무엘하 16장 1~23절

세상에는 다양한 사랑이 있다.
자식에 대한 부모의 희생적인 사랑,
연인에 대한 젊은이들의 뜨거운 사랑,
친구에 대한 우정과 같은 사랑,
어떤 사랑이든 우리를 행복하게 하는 것이다.
가만히 보면 부모의 사랑, 연인의 사랑, 친구의 사랑은
거의 비슷한 모양을 띤다.
하나님도 우리를 사랑하신다.
하나님이 사랑하시는 걸 믿지만,
우리 삶에는 많은 어려움들이 실제로 있다.
그래서 우리는 때때로 하나님의 사랑을 의심하게 된다.
과연 하나님의 사랑의 방법은 어떤 것인지
말씀을 통해서 살펴보는 시간이 되자.

말씀암송 | 로마서 8장 28절

우리가 알거니와 하나님을 사랑하는 자 곧 그의 뜻대로 부르심을 입은 자들에게는 모든 것이 합력하여 선을 이루느니라

|다가서기|

1. 당신이 하는 사랑의 방식은 무엇인가? 자신의 사랑 방식을 하나씩 나누어 보자.

인도자가이드 |

사랑하지 않는 사람은 없다. 그 말은 저마다 사랑의 방식이 있다는 뜻이다. 이것을 나누면서 하나님께서 우리를 사랑하시는 방식에 초점을 기울이도록 도우라.

|깊이보기|

삼하16장은 다윗과 압살롬이 만난 사람들을 소개하고 있다. 다윗은 시바와 시므이를 만났고, 압살롬은 후새와 아히도벨을 만났다. 압살롬은 계속해서 승승장구하는 것 같은데, 다윗은 속고 저주를 당하는 패배의 모습으로 둘이 대조를 이루고 있다. 16장의 다윗은 왕이 된 후 가장 마음이 낮아진 모습으로, 자기 아들에게 생명을 위협받는 가장 비참한 시간을 보내고 있다. 이 비참한 시간 속에 하나님의 놀라운 사랑이 숨어 있다.

다윗이 만난 시바와 시므이와 압살롬이 만난 후새와 아히도벨을 보면 표면적으로는 다윗이 패배해가는 모습처럼 보이지만, 궁극적으로는 다윗을 다시 세워가시는 하나님의 사랑을 확인할 수 있다.

2. 다윗이 감람산 마루턱에 다다랐을 때 만난 사람은 누구이고, 둘 사이에 있었던 대화의 내용은 어떤 것인가?(3,4절)

말씀살피기

왕이 이르되 네 주인의 아들이 어디 있느냐 하니 시바가 왕께 아뢰되 예루살렘에 있는데 그가 말하기를 이스라엘 족속이 오늘 내 아버지의 나라를 내게 돌리리라 하나이다 하는지라, 왕이 시바에게 이르되 므비보셋에게 있는 것이 다 네 것이니라 하니라 시바가 이르되 내가 절하나이다 내 주 왕이여 내가 왕 앞에서 은혜를 입게 하옵소서 하니라 [삼하 16:3,4]

인도자가이드 I

다윗은 시바를 만나 요나단의 아들 므비보셋이 어디에 있는지 질문한다. 하지만 시바는 그가 예루살렘에 있고, 이제 드디어 아버지 사울의 나라를 내게 돌릴 것이라고 하면서 기대하고 있다고 말한다.

3. 삼하19장을 보면 시바가 다윗을 거짓으로 속인 것을 알 수 있다. 므비보셋은 어떻게 하고 있었는가?(삼하19:24-27)

말씀살피기

사울의 손자 므비보셋이 내려와 왕을 맞으니 그는 왕이 떠난 날부터 평안히 돌아오는 날까지 그의 발을 맵시 내지 아니하며 그의 수염을 깎지 아니하며 옷을 빨지 아니하였더라, 예루살렘에서 와서 왕을 맞을 때에 왕이 그에게 물어 이르되 므비보셋이여 네가 어찌하여 나와 함께 가지 아니하였더냐 하니, 대답하되 내 주 왕이여 왕의 종인 나는 다리를 절므로 내 나귀에 안장을 지워 그 위에 타고 왕과 함께 가려 하였더니 내 종이 나를 속이고, 종인 나를 내 주 왕께 모함

하였나이다 내 주 왕께서는 하나님의 사자와 같으시니 왕의 처분대로 하옵소서 [삼하 19:24-27]

인도자가이드 |

시바는 다리를 저는 므비보셋을 버리고 갔고, 므비보셋은 왕이 돌아오실 때까지 애통하며, 발도 씻지 않고, 수염도 깎지 않고, 옷도 빨지 않고 있었다. 하지만 다윗은 시바에게 속아 므비보셋의 것을 시바에게 주었다가 다시 반을 므비보셋에게 주는 어처구니 없는 짓을 하게 된다.

4. 다윗이 바후림을 지날 때 두 번째로 만난 사람은 누구인가? 그와의 만남에서 어떤 일이 있었는가?(5-8절)

말씀살피기

다윗 왕이 바후림에 이르매 거기서 사울의 친족 한 사람이 나오니 게라의 아들이요 이름은 시므이라 그가 나오면서 계속하여 저주하고, 또 다윗과 다윗 왕의 모든 신하들을 향하여 돌을 던지니 그 때에 모든 백성과 용사들은 다 왕의 좌우에 있었더라, 시므이가 저주하는 가운데 이와 같이 말하니라 피를 흘린 자여 사악한 자여 가거라 가거라, 사울의 족속의 모든 피를 여호와께서 네게로 돌리셨도다 그를 이어서 네가 왕이 되었으나 여호와께서 나라를 네 아들 압살롬의 손에 넘기셨도다 보라 너는 피를 흘린 자이므로 화를 자초하였느니라 하는지라 [삼하 16:5-8절]

인도자가이드 |

바후림을 지날 때 사울의 먼 친족 중에 하나인 시므이를 만나는데, '피 흘린 자여, 사악한 자여, 가거라, 가거라'하면서 강 건너편에서 따라오면서 저주를 한다.

5. 다윗의 모습은 시바에게 속고, 시므이의 저주를 받는 실패자의 모습처럼 보인다. 하지만 이에 대한 다윗의 반응은 어떤가?(10-12절)

말씀살피기

왕이 이르되 스루야의 아들들아 내가 너희와 무슨 상관이 있느냐 그가 저주하는 것은 여호와께서 그에게 다윗을 저주하라 하심이니 네가 어찌 그리하였느냐 할 자가 누구겠느냐 하고, 또 다윗이 아비새와 모든 신하들에게 이르되 내 몸에서 난 아들도 내 생명을 해하려 하거든 하물며 이 베냐민 사람이랴 여호와께서 그에게 명령하신 것이니 그가 저주하게 버려두라, 혹시 여호와께서 나의 원통함을 감찰하시리니 오늘 그 저주 때문에 여호와께서 선으로 내게 갚아 주시리라 하고 [삼하 16:10-12]

인도자가이드 |

하지만 다윗은 그들을 똑같이 저주하거나 죽이기보다 하나님께 모든 것을 맡긴다. 어려움을 만나자 다시 광야의 영성을 회복해 가는 다윗의 모습을 볼 수 있다.

6. 반면에 압살롬은 최고의 지략가 후새와 아히도벨을 만남으로 승승장구하는 것 같다. 하지만 이런 상황 속에는 하나님께서 다윗을 사랑하시는 방식이 숨어 있다. 첫 번째는 저주받음을 통해서 하나님의 선하심을 기대하게 하신다는 점이다. 그 의미는 무엇인가?(12절)

말씀살피기

혹시 여호와께서 나의 원통함을 감찰하시리니 오늘 그 저주 때문에 여호와께서 선으로 내게 갚아 주시리라 하고 [삼하 16:12]

인도자가이드 |

다윗은 시므이의 저주를 통해서 진정한 나의 실존은 위대한 왕이 아니라 죄인에 불과하다는 사실을 다시 자각하게 된다. 그래서 하나님의 선하심만을 기대하게 되는데, 하나님은 저주에 귀 기울이시는 분이 아니라 원통함에 귀 기울이시는 분이심을 깨닫게 된다. 이것이 하나님께서 다윗을 사랑하시는 방법이었다.

7. 지금 당신의 상황은 어떤가? 혹시 누군가의 모함과 욕설 앞에서 힘들어하고 있는가? 하나님은 저주가 아니라 원통함을 들으시는 분이라는 사실을 믿고 하나님께 맡기는 시간을 가지라(마11장28절).

말씀살피기

수고하고 무거운 짐 진 자들아 다 내게로 오라 내가 너희를 쉬게 하리라 [마 11:28]

인도자가이드 |

선하신 하나님은 악한 저주가 아니라 선한 원통함을 들으시는 분이라는 사실은 우리가 기도할 수 있는 참으로 귀한 동기부여가 된다. 주님께 맡기는 시간을 갖고 서로 그 부분을 나누도록 도우라.

8. 하나님이 다윗을 사랑하시는 두 번째 방법은 죄의 재연을 통해 자신을 직면하게 하신다는 점이다. 다음의 글을 읽고 그 의미는 무엇이며, 당신에게 시사하는 바는 무엇인지 나누어 보라(참고,요18장18절,요21장9절).

등장하는 일련의 사건들은 과거에 다윗이 지었던 죄의 자리를 정확하게 재연한다. 므비보셋을 속인 시바의 거짓말은 우리아를 속이기 위해 요압에게 했던 다윗의 거짓말을 재연한 것이다.
바후림까지 따라오며 들었던 시므이의 저주는 삼하3장13-16절에서 미갈을 빼앗긴 발디엘이 바후림까지 따라오며 울었던 사건을 떠올리게 한다.
압살롬이 후궁 10명을 옥상에서 취한 사건은 다윗이 옥상에서 목욕하던 밧세바를 보고 간음을 저지른 사건을 재연한 것이다.

인도자가이드 |

세 사건은 모두 다윗이 지은 죄의 자리를 재연한 것이다. 요21장에서 예수님이 '숯불(안드라키아)'을 피워놓고 베드로에게 세 번 물으신 것은, 요18장에서 베드로가 '불(안드라키아)' 앞에서 세 번 부인한 사건을 재연한 사건이다. 이렇게 죄의 자리를 재연하심으로 하나님이 베드로의 사명을 회복하셨던 것처럼, 다윗도 다시 이스라엘의 참 목자라는 자신의 사명을 회복하도록 하고 계신다.

9. 하나님은 당신을 사랑하시는가? 이 사실을 믿는다면 당신이 깨닫고 있는 하나님이 나를 사랑하시는 방법을 하나 나누어 보라.

인도자가이드 |

각자에게 있는 하나님의 사랑을 인식하는 방법을 들어보도록 하라. 비성경적인 부분은 수정해 주고, 잘 인식하고 있는 부분은 서로 나눔으로 배가 되게 하라.

|다짐하기|

10. 한 주간 나를 사랑하는 하나님의 방식 10가지를 묵상해 보고, 그것을 적어 SNS에 공개해 보라.

인도자가이드 |

한 주간 생활 과제처럼, 하나님이 나를 어떻게 사랑하시는지를 묵상하게 하라. 그룹원들끼리 주중에 서로 격려해 가며 주님의 사랑을 확인하는 감격스러운 한 주를 가지라.

|관점얻기|

시바와 시므이

먼저 다윗은 감람산 마루턱에서 한때 사울의 종이었다가 므비보셋의 관리인이 된 시바를 만난다. 시바는 다윗 일행에게 줄 나귀와 음식을 가지고 왔다. 므비보셋이 어디 있는지를 물어보는 다윗에게 시바는 '그가 예루살렘에 있는데, 이스라엘 족속이 오늘 내 아버지의 나라를 내게 돌릴 것이라'고 기대하고 있다고 말한다. 다윗은 시바의 말만 듣고, 므비보셋에게 주었던 것을 다 시바에게 주어 버린다(4절).

하지만 삼하19장에 보면, 시바가 므비보셋을 버리고 갔고, 므비보셋은 왕이 돌아오실 때까지 애통하며, 발도 씻지 않고, 수염도 깎지 않고, 옷도 빨지 않고 있었음 알게 된다(24~30절). 그래서 다윗은 시바에게 준 것의 반을 다시 므비보셋에게 주는 어처구니없는 일을 하게 된다. 생각해 보면, 시바의 말이 거짓말인 것을 알 수 있었지만 다윗은 속고 있다.

두 번째는 바후림을 지날 때 사울의 먼 친족 중에 하나인 시므이를 만나게 되는데, 그는 '피 흘린 자여, 사악한 자여, 가거라, 가거라'하면서 강 건너편에서 따라오며 저주를 한다. 그러자 요압의 동생 아비새가 '저 죽은 개 같은 자를 건너가서 단칼에 베고 오겠습니다'라고 말하지만, 다윗은 "내 몸에서 난 아들도 내 생명을 해하려 하거든 하물며 이 베냐민 사람이랴 여호와께서 그에게 명령하신 것이니 그가 저주하게 버려두라"라고 말한다. 다윗은 자신의 원통함을 자신이 풀지 않고 하나님께 맡기는 성숙한 모습을 드러내지만, 표면적으로는 시바에게는 속고, 시므이에게는 저주를 당하는 꼴이 되었다.

후새와 아히도벨

반대로 압살롬은 아버지를 잘 아는 모략가 후새를 얻고, 아히도벨도 얻는다. 아히도벨은 '다윗 왕이 남겨둔 후궁들과 동침하면 백성들이 아버지와 원수가 된 것을 알 것이고, 왕과 함께한 사람들이 더욱 사기충천할 것'이라고 말한다.

그 이유는 압살롬과 함께한 사람들이 가장 두려워하는 것이 압살롬과 다윗의 화해였기 때문이다. 화해하게 되면 압살롬은 살겠지만, 반역에 가담한 사람들은 죽임을 당할 것이다. 그러니 원수가 되어 화해할 일이 없으면 더 충성하여 따를 것이라는 말이다.

표면적으로 압살롬은 이런 지략을 펼치는 아히도벨과 그에 버금가는 후새까지 얻어 승승장구하는 것 같다. 반면에 다윗은 속임 당하고 저주하는 소리를 듣고, 다윗이 점점 불리해지는 것 같다. 하지만 이 안에 하나님이 다윗을 사랑하는 방식이 숨어 있다.

저주를 통해서 하나님의 선하심을 기대하게 하신다.

시바의 속임수와 시므이의 저주를 통해 하나님은 다윗이 하나님의 선하심을 기대하게 하신다. 다윗은 시므이의 저주를 자기방어적으로 듣거나 화를 낼 수도 있었다. 하지만 그렇게 하지 않았다. 다윗은 시므이의 저주를 통해서 진정한 나의 실존은 위대한 왕이 아니라 죄인에 불과하다는 사실을 자각하게 된 것이다. 그래서 "여호와께서 나의 원통함을 감찰하시리니 오늘 그 저주 때문에 여호와께서 선으로 내게 갚아주시리라"라고 하나님의 선하심을 기대하게 된다. 하나님의 선하심은 저주에 귀 기울이시는 분이 아니라 원통함에 귀 기울이시는 분이시라는 점이다. 이것이 하나님께서 다윗을 사랑하시는 방법이었다.

이 고백은 현대를 살아가는 우리에게 정말 중요한 고백이다. 지금도 세상에는 시므이 같은 사람들이 많다. 정확하게 알지도 못하면서 욕을 하고, 저주하고 미워하는 사람들이 있다. 하지만 우리는 하나님은 사람들의 저주 소리가 아니라 나의 원통함에 귀 기울이시는 분이라는 사실을 기억하며 살아야 한다.

죄의 재연을 통해 자신을 직면하게 하신다.

등장하는 일련의 사건들은 과거에 다윗이 지었던 죄의 자리를 재연하는 듯하다. 므비보셋을 속인 시바의 거짓말은 우리아를 속이기 위해 요압에게 했던 다윗의 거짓말을 재연한 것이다. 바후림까지 따라오며 했던 시므이의 저주는 미갈을 빼앗은 사건을 연상하게 한다.

삼하3장13-16절에 보면, 아브넬이 다윗의 요구대로 발디엘의 아내가 되어 있는 미갈을 빼앗아 데리고 올 때 발디엘이 울면서 따라온 곳이 바로 바후림이다. 압살롬이 옥상에서 후궁 10명을 취한 사건은 다윗이 옥상에서 목욕하던 밧세바를 보고 음욕을 품은 사건을 기억하게 한다.

요21장에 보면, 예수님은 디베랴 호숫가에서 '숯불'을 피워놓고, 베드로에게 '네가 나를 사랑하느냐?' 세 번 질문하신다. 원래 '숯불(안드라키아)'이라는 말은 요18장과 21장에서 두 번밖에 사용되지 않는 특이한 단어다.

똑같은 숯불을 피워놓고 요18장에서 베드로가 예수님을 세 번 부인하던 사건을 재연한 것이다. 그 이유는 베드로의 회복을 위해서다. 그래서 다시 '내 양을 먹이라' 하신 사명의 삶을 살도록 하기 위해서였다. 마찬가지다. 다윗에게 세 번 똑같은 죄의 자리를 재연하신 이유는 다윗을 회복시키시고 다시 이스라엘의 참 목자로 살아야 하는 사명을 따라 살도록 하기 위해서였다.

|청년 자기 체크리스트|

아래의 체크리스트를 가지고 오늘 소그룹 모임에 임한 자신의 태도를 충분히 점검해 보라.

점검 사항		5	4	3	2	1
준비 및 예습	본 과를 준비하면서 충분히 예습은 하였는가					
	각 과의 분명한 목적은 알고 모임에 임했는가?					
	성령께서 나를 만지시도록 기도로 준비하였는가?					
	소그룹원들을 위해서 중보하였는가?					
	리더를 위해서 중보하였는가?					
	나를 변화시키실 하나님을 기대하는 마음으로 임했는가?					
참여 및 자세	적극적으로 질문과 대답에 참여했는가?					
	정직하게 자신을 오픈했는가?					
	지체들의 발표에 사랑하는 마음으로 공감적 경청을 하였는가?					
	모임 중 성령의 인도하심을 계속적으로 기도했는가?					
	하나님께서 원하시는 것이 무엇인지 분명히 알았는가?					
	발견된 진리를 삶과 인격에 적용하기로 결단했는가?					
	이번주에 중보할 지체를 발견했는가?					
적용 및 결단	삶과 인격 변화를 위한 이번주 자신의 적용은 구체적인가?					
	배운 내용이 삶의 상황에 분명히 적용되었는가?					
	소그룹 모임에 대한 만족감이 있었는가?					
	배운 내용을 분명하게 정리했는가?					
	이번 과의 주제와 목적을 분명히 알게 되었는가?					
	삶과 인격의 변화를 위해 기도할 준비가 되어 있는가?					
평가	이번주 총점					

"그러므로 내 사랑하는 형제들아 견실하며 흔들리지 말고 항상 주의 일에 더욱 힘쓰는 자들이 되라 이는 너희 수고가 주 안에서 헛되지 않은 줄 앎이라" (고전 15:58)

- 이번주 생일자는?
- 이번주 소그룹 특이 사항은?
- 다음주 청년부 행사는?
- 다음주 전도할 대상은?
- 이번 달 암송 구절과 필독서는?

11과
인생을 잘 정리하는 법
사무엘하 23장 1~39절

우리는 죽음이라는 단어를 싫어한다.
서양에서는 '죽다'를 말 그대로 'die, expire' 등으로 표현하지만
우리 문화는 죽었다는 표현 쓰기를 꺼려 한다.
그래서 '그 양반 다 살았다'고 하거나, '세상 버렸다',
혹은 좀 더 품위 있게 '떼 이불 덮었다'고 표현한다.
이처럼 죽음이란 우리에게 두려운 것이고, 피하고 싶은 것이다.
하지만 반드시 찾아오는 것이 죽음이다.
조금이라도 현명하고 지혜롭다면
죽음을 준비할 텐데, 그렇지 못한 것이 대부분이다.
사람은 세 번의 인생을 산다.
첫 번째 인생은 엄마 뱃속에서의 10달이다.
두 번째 인생은 이 땅에서의 100년이다.
세 번째 인생은 하나님 나라에서의 영원이다.
우리에게 죽음이란 두 번째 인생을 잘 정리하고,
세 번째 인생을 준비하는 것이다.
우리가 어떻게 우리의 이 두 번째 인생을 잘 정리할 수 있는지,
그 성경적 기준을 생각해 보자.

말씀암송 | 전도서 3장 18절

내가 내 마음속으로 이르기를 인생들의 일에 대하여 하나님이 그들을 시험하시리니 그들이 자기가 짐승과 다름이 없는 줄을 깨닫게 하려 하심이라 하였노라

|다가서기|

1. 당신은 인생을 어떻게 마무리하고 싶은가? 그룹원들에게 자신의 인생이 이렇게 기억되었으면 좋겠다는 관점으로 설명해 보라.

인도자가이드 |

대답이 미온적인 지체들이 있을 수 있다. 중요한 것은 어떻게 정리하는 것이 아니라 반드시 정리해야 한다는 점을 부각하라. 그러면 어떤 식으로든 정리가 된다는 점을 주지하며 자신의 인생을 보다 가치 있게 살도록 동기부여를 할 수 있다.

|깊이보기|

본문은 '다윗의 마지막 말'이라고 시작한다. 다윗이 자신의 인생을 정리한 말이란 뜻이다. 직접적인 유언은 아니지만, 인생을 마감하면서 후세에 전할 가장 중요한 말을 남긴 것이라고 보면 된다. 평생을 하나님 나라를 세워간 다윗 왕이 전한 마지막 말은 네 가지다. 이 마지막 말 속에는 장차 메시아로 오실 예수님이 예표되어 있다. 그래서 예수님은 다윗의 이 말을 당신에 대해 하신 말씀으로 해석하신다(요8:12,9:5,마13:40~42). 이 마지막 말은 고스란히 하나님 나라를 위해 살아가는 제자된 우리의 인생의 지표가 된다.

2. 다윗이 1절에서 말하는 자신의 자아상 세 가지는 무엇인가?(1절)

말씀살피기

이는 다윗의 마지막 말이라 이새의 아들 다윗이 말함이여 높이 세워진 자, 야곱의 하나님께로부터 기름 부음 받은 자, 이스라엘의 노래 잘 하는 자가 말하노라 [삼하 23:1]

인도자가이드 |

첫째는 높이 세워진 자로 비록 가정에서는 구박받았지만 하나님께서 세워주심으로 내가 이렇게 되었다는 고백이다. 둘째는 야곱의 하나님께로부터 기름 부음 받은 자로 자신의 인생이 야곱과 같았지만 하나님께서 함께하시고 축복하심으로 이렇게 되었다는 뜻이다. 셋째는 이스라엘의 노래 잘하는 자로 이 말은 하나님을 예배하는 자라는 뜻이다.

3. 다윗의 세 가지 자아상은 인생을 잘 정리하는 방법이 바른 자아상을 갖는 것이라는 점을 말해준다. 하나님 앞에서 당신의 자아상은 어떤 것인가?(벧전2:9)

말씀살피기

그러나 너희는 택하신 족속이요 왕 같은 제사장들이요 거룩한 나라요 그의 소유가 된 백성이니 이는 너희를 어두운 데서 불러 내어 그의 기이한 빛에 들어가게 하신 이의 아름다운 덕을 선포하게 하려 하심이라 [벧전 2:9]

인도자가이드 |

많은 그리스도인이 하나님 앞에서 자신의 자아상을 잘못 설정하고, 혹은 피상적인 자아상을 가지고 살아간다. 보다 실제적이고 복음적인 자아상을 갖도록 서로 돕는 것이 필요하다.

4. 다윗이 전해준 인생을 잘 정리하는 법 두 번째는 삶의 바른 기준을 갖는 것이다. 다윗이 가지고 있었던 삶의 기준은 무엇이었는가?(2,3절)

말씀살피기

여호와의 영이 나를 통하여 말씀하심이여 그의 말씀이 내 혀에 있도다, 이스라엘의 하나님이 말씀하시며 이스라엘의 반석이 내게 이르시기를 사람을 공의로 다스리는 자, 하나님을 경외함으로 다스리는 자여 [삼하 23:2,3]

인도자가이드 |

한 마디로 다윗의 절대적인 삶의 기준은 하나님의 말씀이었다. 이 말씀을 기준으로 그는 하나님께 받은 사명인 다스리는 자로서의 삶을 살았다고 고백하는 것이다.

5. 당신의 삶의 기준은 무엇인가? 그렇게 생각하는 이유는 무엇인가?

인도자가이드 |

모든 사람은 말하고 행동하는 기준에 따라 살아간다. 그 기준을 인식하지 못할 뿐이다. 교회는 다니지만 의외로 세상적 기준으로 슬퍼하고 기뻐하는 청년들이 많다. 그 부분을 서로가 깨닫도록 도우라.

6. 다윗이 전하는 인생을 잘 정리하는 법, 세 번째는 의지할 것이 필요하다는 점이다. 다윗은 무엇을 의지했는지 말씀을 통해서 확인해 보라(5~7절).

말씀살피기

내 집이 하나님 앞에 이같지 아니하냐 하나님이 나와 더불어 영원한 언약을 세우사 만사에 구비하고 견고하게 하셨으니 나의 모든 구원과 나의 모든 소원을 어찌 이루지 아니하시랴, 그러나 사악한 자는 다 내버려질 가시나무 같으니 이는 손으로 잡을 수 없음이로다, 그것들을 만지는 자는 철과 창자루를 가져야 하리니 그것들이 당장에 불살리리로다 하니라 [삼하 23:5~7]

인도자가이드 |

다윗은 자신의 노력이 아니라 하나님의 영원한 언약(covenant)을 의지하고 살았다. 사람 사이의 계약(contract)은 서로가 책임져야 하는 것이지만, 하나님과의 언약(covenant)은 하나님께서 처음부터 끝까지 책임지시는 사랑이다.

7. 당신은 무엇을 의지하고 살아가는가? 서로의 의견을 나누면서, 내 속에 숨어 있는 내가 의지하는 것을 찾아보는 시간을 가지라.

인도자가이드 |

사람은 감정이 움직이는 것을 보면 그 사람이 무엇을 가장 중요하게 생각하는지 알 수 있다. 그것이 바로 의지하는 것이거나 가장 많이 영향을 받는 것일 수 있다. 다른 건 다 괜찮아도 이것만 건드리면 폭발하는 것이라든지, 아무에게도 말하고 싶지 않은 것들 속에 나를 지배하는 것이 있을 수 있다.

8. 인생을 잘 정리하는 법 네 번째는 동역이 필요하다는 것이다. 그래서 8-39절까지는 다윗과 함께했던 용사들의 목록을 기록하고 있다. 성경이 말하는 동역의 가장 중요한 요소는 무엇인 것 같은가?(참고, 고전4:1,2)

말씀살피기

사람이 마땅히 우리를 그리스도의 일꾼이요 하나님의 비밀을 맡은 자로 여길지어다, 그리고 맡은 자들에게 구할 것은 충성이니라 [고전4장1,2절]

인도자가이드 |

다윗의 동역자들은 첫 번째 세 용사와 두 번째 세 용사, 그리고 30명의 용사로 그룹을 분류해서 기록되어 있다. 그 기준은 아마도 충성, 신실함인 것 같다. 첫 번째 세 용사의 공통점은 생명을 바쳐 다윗에게 충성했던 마음이 컸음을 알 수 있기 때문이다.

9. 당신 주위에는 어떤 사람들이 있다고 생각하는가? 당신의 친구들을 통해 당신이 추구하는 삶의 방향이 무엇인지 가늠할 수 있는데, 그것은 무엇인 것 같은가?

인도자가이드 |

함께 하는 사람들이 어떤 사람들인가에 따라 내 삶의 방향을 엿볼 수 있다. 부정적인 사람들과 함께하는지, 은혜스러운 사람들과 함께하는지, 그리고 그들과 함께하는 나는 어떤 부류의 사람일지 나누게 하라.

|다짐하기|

10. 당신의 인생을 정리한다고 생각하고 유언장을 작성해 보라. 그리고 그룹원들에게 진지하게 나누는 시간을 가져보라.

[나의 유언장]

....

....

....

....

....

....

....

인도자가이드 |

누구든지 인생을 정리하는 시간을 가져야 한다. 진지하게 자신의 인생을 정리해 보면, 어떻게 살아야 할지, 잘못 살고 있는 부분은 어떤 부분인지 알게 된다.

|관점얻기|

바른 자아상(1절)

1절에서 다윗은 자신의 자아상을 세 가지로 소개한다. 첫 번째는 '높이 세워진 자'라고 말한다. 다윗은 이새의 아들로, 별 볼 일 없는 그저 평범한 사람으로, 가족에게 구박받고 아버지에게 사랑받지 못한, 그냥 목동이었다. 그런데 이스라엘의 왕 정도가 아니라 근동의 패권을 거머쥔 제왕이 되었다. 이것은 자신이 잘해서 된 것이 아니라는 말이다. 하나님께서 세우셨다는 고백이다.

두 번째는 '야곱의 하나님께로부터 기름 부음 받은 자'라고 말한다. 이 고백에는 다윗 자신의 인생이 꼭 야곱의 인생과 같았다는 고백이 담겨 있다.

말1장2,3절에 보면, 하나님께서 '내가 야곱을 사랑하였고 에서는 미워하였다'고 말씀하신다. 이 말은 감정적으로 미워했다는 말이 아니라 에서의 인생에 개입하지 않으셨다는 뜻이다. 야곱은 끝까지 자기 마음대로 살려고 했다. 에서나 야곱이나 똑같았다. 하지만 하나님께서는 야곱의 인생에 개입하심으로 결국은 하나님 앞에 이스라엘이 된 것처럼 다윗도 결국은 하나님께서 개입하심으로 축복된 인생이 되었다는 고백이다.

세 번째는 '이스라엘의 노래 잘하는 자'라고 고백한다. 이 말은 한마디로 '나는 예배자다'라는 뜻이다. 다윗은 많은 눈물의 골짜기를 통과했다.

하지만 그 모든 상황을 노래로, 예배함으로 승화시키는 인생이었다는 고백이다.

삶의 기준(2~4절)

메시아를 예표하는 다윗은 자신의 삶을 두 가지로 정리한다.
첫 번째는 말씀의 삶이다(2,3절). 다윗은 왕으로서 평생을 살았지만, 그의 삶은 거의 선지자에 가까운 삶이었다.
행2장30절에 보면, 스데반도 다윗을 선지자라고 말한다. 말씀이 그의 입에서 떠나지 않았고, 말씀대로 사는 삶을 살았다는 것이다.
두 번째는 사역의 삶이다(3절 후반절). 다윗의 왕으로서의 다스림, 사역의 본질은 사람을 공의로, 하나님을 경외함으로 다스리는 것이었다. 이걸 신약의 말로 바꿔 보면, '하나님을 사랑하고, 이웃을 사랑하는' 사역을 했다는 말이다. 이것이 다윗의 사역의 모습이다.
이 두 가지 삶, 말씀의 삶, 사역의 삶은 하나님 나라 백성의 가장 뼈대가 되는 삶이다. 그래서 다윗은 돋는 해의 아침 빛과 같고 구름 없는 아침 같고 비 내린 후의 광선으로 땅에서 움이 돋는 새풀 같은 삶을 산 것이다(4절).

의지할 것(5~7절)

다윗은 내 노력이 아니라 하나님의 언약(covenant)을 의지하고 살았다. 사람 사이에는 계약(contract)을 맺는다. 계약은 서로의 약속이고 이익에 충돌이 생기고, 약속 이행이 안 될 때 이렇게 하겠다는 규정이다. 하지만 언약(covenant)은 하나님과 사람 사이에 맺은 것이고, 처음부터 끝까지 하나님께서 책임지시는 것이다. 그래서 계22장13절에서는 “나는 알파와 오메가요 처음과 마지막이요 시작과 마침이라”고 세 번이나 말씀하신다. 우리가 의지해야 할 것은 계약이 아니라 언약이다.

동역(8~39절)

8절부터는 다윗의 첫 번째, 두 번째 세 용사와 30 용사 그룹의 목록을 소개하고 있다. 이 목록은 하나님 나라는 다윗 혼자 세운 것이 아니라는 사실을 전해 준다. 동역이 필요하다는 말이다. 이 용사들이 없었다면 결코, 하나님 나라는 세워지지 못했을 것이다. 목록을 잘 보면, 첫 번째 세 용사와 두 번째 세 용사, 그리고 30명의 용사로 그룹을 분류해서 기록하고 있다. 이 분류의 기준이 무엇인가 하는 힌트는 첫 번째 그룹의 무용담을 설명하는 13~17절에 있다.

다윗이 아둘람 굴에 있을 때 그냥 어릴 적 추수 때 먹던 베들레헴의 우물물 이야기를 했는데, 이 세 용사가 목숨을 걸고 블레셋 적진을 뚫고 가서 물을 길어 온다. 하지만 다윗은 그 물을 마시지 않고 여호와께 부어 드린다. 왜냐하면 그 물은 이 사람들의 생명 값이었기 때문이다. 세 용사는 생명을 바쳐 충성했던 것이다. 그룹이 구분된 이유는 이처럼 전투 실력이 아니라 생명을 건 충성심이었다. 이 충성심, 신실함이 동역의 가장 중요한 기준이다.

|청년 자기 체크리스트|

아래의 체크리스트를 가지고 오늘 소그룹 모임에 임한 자신의 태도를 충분히 점검해 보라.

점검 사항		5	4	3	2	1
준비 및 예습	본 과를 준비하면서 충분히 예습은 하였는가					
	각 과의 분명한 목적은 알고 모임에 임했는가?					
	성령께서 나를 만지시도록 기도로 준비하였는가?					
	소그룹원들을 위해서 중보하였는가?					
	리더를 위해서 중보하였는가?					
	나를 변화시키실 하나님을 기대하는 마음으로 임했는가?					
참여 및 자세	적극적으로 질문과 대답에 참여했는가?					
	정직하게 자신을 오픈했는가?					
	지체들의 발표에 사랑하는 마음으로 공감적 경청을 하였는가?					
	모임 중 성령의 인도하심을 계속적으로 기도했는가?					
	하나님께서 원하시는 것이 무엇인지 분명히 알았는가?					
	발견된 진리를 삶과 인격에 적용하기로 결단했는가?					
	이번주에 중보할 지체를 발견했는가?					
적용 및 결단	삶과 인격 변화를 위한 이번주 자신의 적용은 구체적인가?					
	배운 내용이 삶의 상황에 분명히 적용되었는가?					
	소그룹 모임에 대한 만족감이 있었는가?					
	배운 내용을 분명하게 정리했는가?					
	이번 과의 주제와 목적을 분명히 알게 되었는가?					
	삶과 인격의 변화를 위해 기도할 준비가 되어 있는가?					
평가	이번주 총점					

"그러므로 내 사랑하는 형제들아 견실하며 흔들리지 말고 항상 주의 일에 더욱 힘쓰는 자들이 되라 이는 너희 수고가 주 안에서 헛되지 않은 줄 앎이라" (고전 15:58)

- 이번주 생일자는?
- 이번주 소그룹 특이 사항은?
- 다음주 청년부 행사는?
- 다음주 전도할 대상은?
- 이번 달 암송 구절과 필독서는?

12과
하나님의 답

사무엘하 24장 1~25절

동서고금을 막론하고 유명한 명작 동화들은
대부분의 공통된 특징을 가지고 있다.
그것은 결말의 대부분이 해피앤딩이라는 점이다.
그래서 행복하게 오래오래 잘 살았다는 것으로 끝이 난다.
전 세계에서 가장 많이 팔린 책은 성경(Bible)이다.
하지만 성경 이야기의 결론은 행복하게 오래오래 잘 살았다가 아니다.
'아멘 주 예수여 어서 오시옵소서'가 결론이다.
아직 끝나지 않은 이야기라는 말이다.
사무엘서의 결론 역시 해피앤딩이 아니다.
끝나지 않은 이야기로 결론이 맺어진다.
다윗의 마지막 이야기는 예수께서 끝내실 성경의 마지막 이야기를 닮았다.
우리는 다윗의 마지막 이야기를 통해서
우리를 향하신 하나님의 답이 무엇인지 확인하게 된다.

말씀암송 | 예레미야 애가서 3장 33절

주께서 인생으로 고생하게 하시며 근심하게 하심은 본심이 아니시로다

|다가서기|

1. 당신은 당신의 인생을 향하신 하나님의 뜻이 무엇이라고 생각하는가?

인도자가이드 |

지금 현재 나를 향하신 뜻도 중요하지만, 내 인생 전체를 어떻게 살기를 원하시는지 생각해보는 시간을 갖도록 하라. 결국 우리 인생을 향하신 하나님의 답은 하나님의 용서로 살고, 용서로 답을 찾는 것이다.

|깊이보기|

사무엘서의 결론은 21-24장의 마지막 이야기다. 다윗은 요압에게 인구를 조사하여 보고하라고 명한다. 요압은 반대했지만, 다윗의 재촉에 장장 9개월 20일간에 걸쳐 인구를 조사하여 칼을 들 수 있는 자가 이스라엘이 80만 명, 유다가 50만 명이라고 보고한다. 이때 하나님께서는 다윗이 아둘람 굴에 있을 때 선지자로 보내셨던 갓을 다시 보내 재앙을 선포하게 하시고, 다윗은 3일의 전염병을 선택하게 되는데, 그로 인해 이스라엘 사람 7만 명이 죽게 된다.

죽음의 천사가 예루살렘을 치려고 여부스 사람 아라우나의 타작마당에 섰을 때 하나님께서는 재앙을 거두라고 하시고,

다윗은 타작마당을 은 50 세겔을 주고 사서 번제와 화목제를 드렸더니 이스라엘에 재앙이 그쳤다는 내용이다.

2. 다윗이 말년에 요압에게 시킨 일은 무엇이고(1,2절), 이 일은 하나님 앞에서 어떤 의미로 해석되는가?(10절)

말씀살피기

여호와께서 다시 이스라엘을 향하여 진노하사 그들을 치시려고 다윗을 격동시키사 가서 이스라엘과 유다의 인구를 조사하라 하신지라, 이에 왕이 그 곁에 있는 군사령관 요압에게 이르되 너는 이스라엘 모든 지파 가운데로 다니며 이제 단에서부터 브엘세바까지 인구를 조사하여 백성의 수를 내게 보고하라 하니 [삼하 24:1,2]

다윗이 백성을 조사한 후에 그의 마음에 자책하고 다윗이 여호와께 아뢰되 내가 이 일을 행함으로 큰 죄를 범하였나이다 여호와여 이제 간구하옵나니 종의 죄를 사하여 주옵소서 내가 심히 미련하게 행하였나이다 하니라 [삼하 24:10]

인도자가이드 I

다윗이 요압에게 인구조사를 하게 한다. 인구 조사 자체가 범죄는 아니지만, 다윗의 마음이 격동된 부분은 하나님이 아니라 군대를 의지하려는 마음이고, 내가 이루어놓은 업적이 어느 정도 되는지를 가늠하고자 하는 마음이다. 그래서 하나님 보시기에 좋지 않은 범죄가 된 것이다.

3. 하나님께서 다윗에게 제시하신 세 가지 심판은 어떤 것이고, 다윗이 선택한 것은 무엇인가?(13,14절)

말씀살피기

갓이 다윗에게 이르러 아뢰어 이르되 왕의 땅에 칠 년 기근이 있을 것이니이까 혹은 왕이 왕의 원수에게 쫓겨 석 달 동안 그들 앞에서 도망하실 것이니이까 혹은 왕의 땅에 사흘 동안 전염병이 있을 것이니이까 왕은 생각하여 보고 나를 보내신 이에게 무엇을 대답하게 하소서 하는지라, 다윗이 갓에게 이르되 내가 고통 중에 있도다 청하건대 여호와께서는 긍휼이 크시니 우리가 여호와의 손에 빠지고 내가 사람의 손에 빠지지 아니하기를 원하노라 하는지라 [삼하 24:13,14]

인도자가이드 |

하나님은 갓을 통해 다윗에게 칠 년 기근과 석 달의 도망, 삼 일의 전염병 중 선택하라 하셨고, 다윗은 사람 손보다 하나님 손에 빠지는 것이 낫다 하여 삼 일의 전염병을 선택한다.

4. 하나님의 심판의 양상은 어떻고, 다윗의 반응은 어떤가?(15~17절)

말씀살피기

이에 여호와께서 그 아침부터 정하신 때까지 전염병을 이스라엘에게 내리시니 단에서부터 브엘세바까지 백성의 죽은 자가 칠만 명이라, 천사가 예루살렘을 향하여 그의 손을 들어 멸하려 하더니 여호와께서 이 재앙 내리심을 뉘우치사 백성을 멸하는 천사에게 이르시되 족하다 이제는 네 손을 거두라 하시니 여호와의 사자가 여부스 사람 아라우나의 타작 마당 곁에 있는지라, 다윗이 백성을 치는 천사를 보고 곧 여호와께 아뢰어 이르되 나는 범죄하였고 악을 행하였거니와 이 양 무리는 무엇을 행하였나이까 청하건대 주의 손으로 나와 내 아버지의 집을 치소서 하니라 [삼하 24:15-17]

인도자가이드 |

아침부터 정하신 때까지 전염병을 내리게 하시고, 16절을 보면 하나님은 죽음의 천사에게 족하다 하시며 손을 거두게 하신다. 이 말은 3일 전에 멈추게 하셨다는 뜻이다. 17절에 보면 그 후에 다윗이 회개하는 장면이 나온다. 하나님은 심판하실 때도 긍휼을 베푸신다. 다윗의 회개 때문에 긍휼이 임한 것이 아니다. 하나님의 긍휼 때문에 다윗이 회개한 것이다. 순서가 중요하다.

5. 당신은 회개했기 때문에 용서하셨다고 생각하는가, 용서하셨기 때문에 회개할 수 있다고 생각하는가? 솔직한 자신의 생각을 나누어 보라(참고, 엡2:3~5절).

말씀살피기

전에는 우리도 다 그 가운데서 우리 육체의 욕심을 따라 지내며 육체와 마음의 원하는 것을 하여 다른 이들과 같이 본질상 진노의 자녀이었더니, 긍휼이 풍성하신 하나님이 우리를 사랑하신 그 큰 사랑을 인하여, 허물로 죽은 우리를 그리스도와 함께 살리셨고 (너희는 은혜로 구원을 받은 것이라) [엡 2:3-5]

인도자가이드 |

하나님의 사랑이 먼저다. 하나님이 용서해 주셨기 때문에 회개도 할 수 있는 것이다. 결국, 우리 인생을 향하신 하나님의 뜻은 하나님의 용서로 답을 찾고, 하나님의 용서를 의지하여 살라는 것이다.

6. 하나님은 회개하는 다윗에게 무엇을 명하셨는가?(18절) 이 일은 무엇을 상징한다고 볼 수 있는가?(18절, 대하3장1절, 창22장2절)

말씀살피기

이 날에 갓이 다윗에게 이르러 그에게 아뢰되 올라가서 여부스 사람 아라우나의 타작 마당에서 여호와를 위하여 제단을 쌓으소서 하매 [삼하 24:18]

솔로몬이 예루살렘 모리아 산에 여호와의 전 건축하기를 시작하니 그 곳은 전에 여호와께서 그의 아버지 다윗에게 나타나신 곳이요 여부스 사람 오르난의 타작 마당에 다윗이 정한 곳이라 [대하 3:1]

여호와께서 이르시되 네 아들 네 사랑하는 독자 이삭을 데리고 모리아 땅으로 가서 내가 네게 일러 준 한 산 거기서 그를 번제로 드리라 [창 22:2]

인도자가이드 |

아라우나(오르난)의 타작 마당에서 제단을 쌓고 제사를 드리라고 말씀하신다. 대하3장에서는 이 아라우나(오르난)의 타작 마당이 모리아 산에 있었다고 말하고, 이 모리아산은 창22장에서 아브라함이 이삭을 바쳐 제사를 드리려던 장소로, 예수 그리스도가 우리를 위해 번제로 드려질 것을 상징하는 장소다. 결국 아라우나의 타작 마당은 하나님께서 당신의 아들을 우리를 위해서 죽이심으로 온전한 용서를 선포하실 곳을 상징한다.

7. 당신은 당신에게 주어질 온전한 용서가 결국 예수님의 죽음이라는 엄청난 값을 지불하고 주어진 것임을 믿는가? 그렇지 못하다면 그 이유는 무엇인가?

인도자가이드 |

우리가 구원받는 이유는 말씀을 잘 지켜서가 아니라 하나님이 우리를 용서해 주셔서다. 이것이 우리 인생을 향한 하나님의 답이다. 우리가 찾아야 하는 답이고, 우리가 추구해야 하는 삶의 해답이다. 결국 용서가 우리를 살린다.

8. 다윗이 쌓은 제단은 장차 하나님의 임재를 상징하는 성전의 토대가 된다. 예수님은 결국 우리가 하나님의 성전이라고 하셨다(고전3:16,17). 그렇다면 우리가 성전으로 하나님과 함께하는 삶의 토대는 무엇이며, 성전으로 사는 것은 어떤 의미이겠는가?

말씀살피기

너희는 너희가 하나님의 성전인 것과 하나님의 성령이 너희 안에 계시는 것을 알지 못하느냐, 누구든지 하나님의 성전을 더럽히면 하나님이 그 사람을 멸하시리라 하나님의 성전은 거룩하니 너희도 그러하니라 [고전 3:16,17]

인도자가이드 |

성전은 하나님의 임재를 상징하고, 이 임재의 토대는 결국 하나님의 용서다. 우리가 하나님의 용서를 잊는 순간, 우리는 이 땅에서 성전으로서의 삶을 포기하는 것과 같다. 성전된 성도는 용서를 기억하며 살고, 용서를 실천하며 살아야 한다.

9. 사무엘서는 한나의 기도를 하나님께서 들으심으로 시작해서, 다윗의 기도를 들으심으로 끝이 난다(25절). 사무엘서는 아들(사무엘)을 주신 이야기로 시작해서 하나님이 우리의 속죄를 위해 아들(예수 그리스도)을 주실 이야기로 끝이 난다. 구약은 철저하게 우리의 구원을 위한 이 감격스러운 복음의 메시지를 들려주고 있다. 사무엘하를 마치면서 드는 생각은 어떤 것이 있는가?

말씀살피기

그 곳에서 여호와를 위하여 제단을 쌓고 번제와 화목제를 드렸더니 이에 여호와께서 그 땅을 위한 기도를 들으시매 이스라엘에게 내리는 재앙이 그쳤더라 [삼하 24:25]

인도자가이드 |

구약은 온통 우리를 구원하실 것이라는 이야기, 그것을 위해 당신의 아들을 주실 것이라는 감격스러운 이야기로 가득 차 있다. 세상천지에 나 하나 별 의미 없는 존재처럼 보여도 세상은 나를 구원하기 위한 하나님의 역사로 흘러오고 있다는 것이 우리에게 위로가 되고, 하나님을 찬양할 이유가 된다.

|다짐하기|

10. 내 인생을 의미 있게 사는 방법을 하나님은 무엇이라고 말씀하시는가? 이 답을 가지고 사는 것은 어떤 것이고, 구체적으로 어떻게 이것을 실천할지 나누어 보라.

인도자가이드 |

우리 인생을 향하신 하나님의 답은 용서다. 우리가 사는 이유는 용서요, 하나님의 성전인 이유도 용서 때문이다. 그러므로 우리는 아들을 죽이심으로 주신 용서를 기억하며 살고, 이 용서를 형제에게 실천하며 살아야 한다.

|관점얻기|

인구 조사가 죄인가?

1절은 마치 하나님이 다윗에게 죄를 짓게 하시는 분처럼 이야기한다. 하지만 그렇지 않다. 이 이야기는 다윗이 지은 죄에 대해 하나님이 진노하셨고, 그 죄에 대해 다윗이 어떻게 반응하는가를 말하려는 것이다. 그래서 '다시'라는 말로 시작하여 24장은 21장의 이야기와 짝을 이룬다. 또 다시 하나님은 진노하시는 상황이 되었다는 말을 통해, 성경이 말하고자 하는 것은 '인간은 본질적으로 하나님의 진노 아래 있는 존재'라는 것이다. 사실 다윗이 왕으로서 인구 조사를 한 것이 죄는 아닐 것이다. 민수기에 보면, 모세는 두 번이나 아무 책망 없이 인구 조사를 했다. 그런데도 다윗의 인구 조사가 문제인 이유는 하나님이 아니라 자신의 업적을 확인하고 싶은 마음으로 한 것이기 때문이다.

9절에 보면 '칼을 빼는 자'를 계수한 걸로 봐서 하나님이 아니라 군대를 의지하고 확보하려는 목적이었음을 알 수 있다. 지금까지 이스라엘은 전쟁에서 군사의 수로 이긴 적이 없다. 하나님의 도우심으로 이겼고, 그런 의미에서 모든 것은 하나님의 업적이다.

그런데 노년의 다윗은 그것을 자신의 업적으로, 하나님 대신에 군대를 의지하는 마음으로 인구 조사를 했던 것이다. 그래서 하나님께서 진노하신 것으로 봐 진다. 이것은 교회 공동체로 부름받은 우리에게도 중요한 교훈을 준다. 영적인 공동체는 숫자로 규정되면 안 된다. 교회 공동체가 숫자로 평가되는 것은 하나님을 진노케 하는 죄다. 다윗의 죄는 숫자를 센 것이 아니라 숫자로 영혼을 대체한 것이다.

하나님의 심판은 어떤 모습인가?

요압이 인구 조사를 하니 이스라엘이 80만 명, 유다가 50만 명이었다. 그런데 대상21장5절에는 이스라엘이 110만 명, 유다가 47만 명이라고 되어 있다. 이런 차이는 착오가 아니라 사무엘서의 80만 명은 이미 왕실이 알고 있는 군사 30만을 제외한 숫자로 이해하면 된다(라쉬). 하나님은 인구 조사의 책임을 물어 세 가지 벌 중 3일의 전염병을 내리신다. 그런데 15절에 보면, '이에 여호와께서 그 아침부터 정하신 때까지' 전염병을 내리셔서 7만 명이 죽었다.

그리고 이제 예루살렘을 치려고 할 때 하나님은 멸하는 천사에게 이르시되 족하다 이제는 네 손을 거두라 하신다. 하나님은 3일 전에 전염병을 멈추게 하신 것이다. 그다음 17절에서 다윗의 회개가 나온다. 그러므로 재앙을 멈추게 한 것은 다윗의 회개가 아니라 하나님의 용서다. 하나님의 자비가 먼저고 다윗의 회개가 그다음이다. 이 말은 우리가 회개해서 하나님이 용서하시는 것이 아니라는 말이다. 하나님이 용서하셔서 우리가 회개할 수 있는 것이다.

왜 타작마당에 제단을 쌓으라고 했을까?

하나님은 다윗에게 아라우나의 타작마당에 번제와 화목제를 위한 제단을 쌓으라고 말씀하신다. 아라우나는 대상21장에는 '오르난'이라고 나오는데, 당시 타작마당은 알곡과 쭉정이를 바람에 날려 구분하기 위해서 비교적 높은 곳에 있었다. 알곡과 쭉정이를 구분하는 곳이 타작마당이니까 일종의 심판을 상징하는 장소라고 할 수 있다. 다윗은 은 50세겔이라는 값을 주고 이 타작마당을 산다.

그런데 대상21장에는 금 600세겔에 샀다고 되어 있다. 그것은 역대상에 나오는 가격은 밭 전체의 가격인 반면, 사무엘서의 가격은 타작마당과 제사 도구 등의 가격이기 때문이다. 대하22장에 보면, 이 아라우나의 타작마당이 솔로몬이 짓게 될 성전 터가 된다. 대하3장1절에는 성전이 될 아리우나의 타작마당이 모리아산에 있다고 증언한다. 모리아산은 창22장에서 아브라함이 아들 이삭을 바치러 갔던 산이다. 거기서 하나님은 이삭 대신에 잡을 숫양을 예비하셔서 '여호와 이레, 여호와의 산에서 준비되리라' 하였던 곳이다.

이 여호와 이레의 사건은 장차 여호와의 산에 우리 대신 죽으실 어린 양 예수 그리스도를 준비하실 것을 상징하는 사건이다. 그러므로 아라우나의 타작마당에 세워진 제단은 장차 우리의 죄를 위해서 죽으실 어린 양 예수 그리스도의 희생을 상징하는 것이다. 이것은 우리에게 주어질 용서가 결국 예수님의 죽음이라는 엄청난 값을 지불하고 주어질 것임을 말한다. 이것이 사무엘서 마지막 이야기의 결론이다.

|청년 자기 체크리스트|

아래의 체크리스트를 가지고 오늘 소그룹 모임에 임한 자신의 태도를 충분히 점검해 보라.

점검 사항		5	4	3	2	1
준비 및 예습	본 과를 준비하면서 충분히 예습은 하였는가					
	각 과의 분명한 목적은 알고 모임에 임했는가?					
	성령께서 나를 만지시도록 기도로 준비하였는가?					
	소그룹원들을 위해서 중보하였는가?					
	리더를 위해서 중보하였는가?					
	나를 변화시키실 하나님을 기대하는 마음으로 임했는가?					
참여 및 자세	적극적으로 질문과 대답에 참여했는가?					
	정직하게 자신을 오픈했는가?					
	지체들의 발표에 사랑하는 마음으로 공감적 경청을 하였는가?					
	모임 중 성령의 인도하심을 계속적으로 기도했는가?					
	하나님께서 원하시는 것이 무엇인지 분명히 알았는가?					
	발견된 진리를 삶과 인격에 적용하기로 결단했는가?					
	이번주에 중보할 지체를 발견했는가?					
적용 및 결단	삶과 인격 변화를 위한 이번주 자신의 적용은 구체적인가?					
	배운 내용이 삶의 상황에 분명히 적용되었는가?					
	소그룹 모임에 대한 만족감이 있었는가?					
	배운 내용을 분명하게 정리했는가?					
	이번 과의 주제와 목적을 분명히 알게 되었는가?					
	삶과 인격의 변화를 위해 기도할 준비가 되어 있는가?					
평가	이번주 총점					

"그러므로 내 사랑하는 형제들아 견실하며 흔들리지 말고 항상 주의 일에 더욱 힘쓰는 자들이 되라 이는 너희 수고가 주 안에서 헛되지 않은 줄 앎이라" (고전 15:58)

- 이번주 생일자는?
- 다음주 청년부 행사는?
- 이번 달 암송 구절과 필독서는?
- 이번주 소그룹 특이 사항은?
- 다음주 전도할 대상은?